大家來學

手相

爾吉 著

前 言

　　雖然坊間已經有許多有關手相學的書籍出版，本書仍依據印度手相名家 Comte C. De Saint-Germain 之手相學，以更有趣生動的方式，使諸位讀者在實質和娛樂兩方面，都能從本書了解到手相學的一些不同的觀念。

　　手相學是一門最古老的也可說是最現代的科學。在本書中舉出一些古代的以及近代的事實來印證這門學問，既使諸位讀者已經看過許多相關的書籍，也不會覺得無聊，而且從本書中能學到一些別人沒有告訴你的事情。

　　縱使諸位讀者對手相學沒有一點興趣，你仍然會發現這是一本無論你在家、辦公室，或是在等公車、坐捷運、搭火車或高速列車、飛機的時候，都是值得一看再看的書。

編著者　爾吉

九十三年三月

代 序

　　手相學的目的是要教你如何藉著一定的規則而不是單靠直覺的來探究這門古老的命相藝術。這些規則無論在任何時間及任何情況之下都能使你具有真正正確的透視能力，而這決不是在少數情況下，由於一些短暫的刺激影響產生的直覺可以做到的。

　　在人類身體的各部分組合成整個的且不同的個體：臉部的特徵，頭顱的變化，手臂的長短，態度，走路，眼神，說話，手勢—甚至筆跡；尤其是用來寫字的肢體—手。

手相學家
Comte C. De Saint-Germain

目次

圖 目 次

1

手相學的由來

　　世界上流行著單一及一致的法則。當你要買一雙短襪的時候，你會用你的手來量它而不會用你的腳，那是因為在你的手和腳的尺寸之間有一定的關係。這種形式的關係存在在整個宇宙，而事實上這就是手相學的基礎。

　　今天手相學宛如奇異的建築物，它的基石來自地球上所有古老的文明。手相學最早起源自印度。埃及法老和迦勒底的牧羊人帶給手相學寶庫許多富有的知識。這些知識寶庫更由畢達哥拉斯（Pythagoras）的世界最了不起的發現和亞里斯多德（Aristotle）的哲學上非常的成就而加以充實。阿拉伯的鍊丹士，歐洲的占星家，義大利的藝術家，德國的哲學家，法國的科學家，英國的學者和中國的道家，全都加上他們獨特的研究使得手相學由含糊混沌進入科學的完美境界。

　　由於手相學在容量上如此富有變化，關於這個重要題材的最後一段，將如新生嬰兒張開他們美妙的眼睛望著我們的世界一樣，永遠無法寫下來。"新的手，新的發現。"整個手相學就濃縮在這句話裡。

手相學家Comte C。De Saint-Germain如此說到"無論如何，對所有有興趣於這個奇妙科學的人來說，有關這方面研究的原理已經陸續被發現，被寫成法典，被公式化以及目錄化。"

在印度神秘的廟宇裡有許多古老的書籍，包括一本談到人類皮膚的書，告訴我們許多有關手相學的細節。初學手相學者更需要追尋先哲們留下來的里程碑。

因為假使只有皮毛上的努力將如同鄉下的泥水匠想蓋摩天大樓一樣的沒有結果。初學者含糊的好奇心必須轉化為良好的正規的求知慾望。對青年和老年人一樣，只有熱衷的火焰才能引導進入這個神秘科學的迷宮，得到有價值的追求。更重要的是手相學領導人們命運走向正確的道路。

這門古老的命相藝術將繼續被研究探索，"藉著一定的規則而不是單靠直覺"。直覺在後來也擔任部份角色。但是對初學者而言，就像孩童剛學ABC一樣，必須很仔細地研究手相學書上每一個原則和每一張圖畫。

"在人們手上的掌紋"亞里斯多德寫道："它們明白地是受到先天和人們個體的影響，而不是沒有原因的。"在人們身體內，我們發現呼吸，光，熱以及振動創造了生命的活力。這些磁性的振動從頭一直延伸到腳趾。"思想不是由於振動或是我們內部的變化。"查理士（Charles Bonnet）說道："而是因為外來的影響經由神經系統傳達到我們的頭腦。"這個流體滲入我們日常活動最有動力的手掌和手指而留下了它們的記號，好像唱片上的紋路一樣，可以在閒暇時重新播放出人們的聲音。

亞里斯多德說得對，他說人們的手是"器官中的器官，組織中的組織。"在實用上，觸摸的感覺是完全集中在手指尖上。手是散佈生命磁力於宇宙中最高的器官。當一個人在承受加速的消耗量時，他的手心將會變熱。有些人相信手掌上的記號只是由於手的運動而沒有特別的意義。這是錯誤的觀念。因為有時你會發現在懶惰者的手上有著比好動者手上更多的線條，而在新生兒的小手上也有清晰可見的條紋。所以動的理論是毫無根據的。有些白痴由於手的麻痺而使掌紋細小暗淡甚至消失，這表示在手掌與頭腦之間的通訊被切斷了。

"在人的神經末梢有一股看不見的氣存在"亞里斯多德稱之為"Aura氣"。"精神力經由輕微的呼吸得以顯示，這氣充滿了頭腦的空隙。"Alexander von

Humboldt寫道：“有些手是自然地吸引了我們，有些手則讓我們感到厭惡。我曾經看過一雙手像是充滿了眼睛，它的外貌是如此聰明，如此尖銳。有些手，像斯芬克斯（Sphinx）的手，充滿了神秘；有些手則透露了帶有生命活力的勇氣和力量；有些手卻顯示出狡猾的，沒有氣力的懶惰。”

無疑的，手相學是基於手的形狀，像引擎這種機器發明一樣。我們研究手相學越多，我們越能實現Hawthorne 所說的真理：“人類像是裡面充滿靈魂的陶壺。”這個靈魂就是經由手上的掌紋顯現出來的。

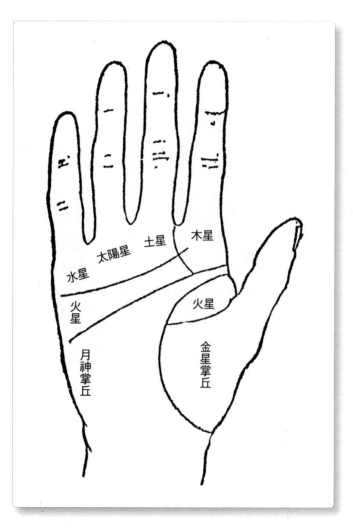

掌丘的正確位置

奇妙的舞蹈家 Loie Fuller 之手

2

初步概念

　　第一件事要注意的是一個人的態度，當他走過你的面前，你能從他的手得到他這個人的第一印象。一個開朗爽直的人很自由地張開他的雙手，而一個害羞的人則總是想遮掩它們。

　　這兒有一些關於手的姿勢，一般要注意的事情：

1. 假如一個人總是不安地想緊閉他的雙手，表示他有一些不想揭露的想法。他的個性可能是一個說謊者或是一個騙子。

2. 當一個人的手指部份併攏而手自然下垂，表示他是一個能保守秘密的人。他的手很有活力。這樣的人是很謹慎而值得信賴的。

3. 當一個人的手放在兩旁，手指微張而沒有氣力似的擺著，表示猶豫而沒有目標，這種人是輕信的，而且心理上是懶惰的。

4. 當一個人的手放在兩旁，但拳頭緊握，表示他是一個粗暴的人。

5. 一個人將他的手放上或放下，一會兒放入口袋，一會兒又抽出來，好像沒有地方可以放他的手，表示拿不定主意。他有很強的個性需要小心引導，因為它的情緒沒有控制。

6. 當一個人擺動他的手好像要避免碰到什麼東西似的，表示對每一件事懷疑而心理上很注意他的四周，他是一個非常小心謹慎的人。

7. 當一個人在玩弄他的手帕，鈕扣或手錶或其他小玩意，表示他正處於短暫的興奮中。

8. 當一個人的手抱緊在前面，表示平靜安詳的氣質。他是一個雄辯，被信賴的，不發脾氣的人。任何情況下都很冷靜。

9. 當一個人摩擦他的雙手好像要洗手似的，表示他是一個不能信賴，不誠實而且虛偽的人。

10. 當一個人沉重無力地握著他的手，他是毫無詩意而心死的人，他的生活沉重而粗劣。

11. 當一個人交叉雙手緊握拳頭時，表示他是一個職業打手，你必須很小心地應付他。

12. 當一個人，手緊抱著放在後面，表示他是極端謹慎的人。他並不正確知道他將做些什麼，他的態度很好但是很猶豫，要客氣的對待他。

試過手的一般姿勢之後，現在可以開始試驗手的本身。要在適當的光線下看你的手，最好是在大白天，如果用放大鏡來研究細小的掌紋那是再好不過的了。

雙手分開來看，再把它們併起來研究。一般左手適合男人而右手適合女人，但是兩隻手必須一起研究得到正確的結果。如果習慣用左手的，這個次序就要反轉過來，例如對用左手慣了的男人，先看右手，對用左手慣了的女人，先看左手。

首先要觀察皮膚的組織，如果是細軟柔美的，表示他是一個優雅敏感的人。如果皮膚是粗劣的，表示是一個有粗暴個性的人。如果一個人的手也不粗糙也不很柔細，可是皮膚是有彈性的，則表示在這種極端個性之間，是屬於商人，律師或是僧侶的手。

手掌的堅實與否也是很重要的，顯示在壓力下的軟硬程度。壓擠你的雙手找出你能支持的壓力，再用手指擠壓你的手掌。

1. 一個鬆軟的手受不了壓力，肉和骨頭壓在一起，這樣的手沒有一點體能，是屬於只有夢想而沒有行動的人。這種人表達愛情也是說話多於行動。這樣的人追求奢侈的生活但是又負擔不起費用。

2. 一個人的手柔軟像女人但是並不鬆散，表示他是一個有好氣質而各方面都很能幹的人。

3. 一個彈性的手有一種具有生命，彈力堅忍的感覺，你無法緊壓它，肌肉好像橡膠一樣，受壓後又復原。屬於不但說而且也做的人。這是一個充滿生命活力忙人的手。彈性堅實表示精力，這樣的人不過份工作但是卻發揮出生命的影響力。

4. 堅硬的手是屬於較少智力的人，他的手能承受很大的壓力。這樣的人是最勞動勤奮的，他喜歡吃重的工作而不覺得勞累，他的頭腦也是堅實的，無法接受新的思想。

另外一個重要的因素是手的彎曲度。一個易彎曲的手很容易向後彎曲。試你的手儘可能地向後彎曲，兩隻手都試一試，找出整雙手的彎曲程度。手的彎曲程度表示心智的程度，女人的手較易彎曲成很大的角度。

1. 如果手是堅硬的而手指是向前彎的，這個人的心智是謹慎的，頑固的，狹小而吝嗇的，缺乏適應力。這樣的人是不容易接受新的思想，新的冒險。

2. 如果一個人的手只能少量彎曲，表示他有平衡的心智，他不會走極端，不會保守也不會輕率向前。他花錢適當而不會亂用。他能接受困難而不浪費時間，具有生命的活力。

3. 如果手能向後彎曲成一個優美的弧度，表示這個
人有敏感的頭腦，能接受強烈的想法。他在任何
情況下容易適應，多才多藝而理解能力很快，
有一個具有才氣的心智，是一個天才。他處理錢
財總有目的，並不愛好錢財，銀行的大筆存款並
不會使他著迷。他是易受感動的，這些才子的手
能創造許多奇妙偉大的成就。他是活潑的夢想家
但是同時他會嘗試做許多事情而失敗。對單一
主體加以良好指引能使這些人獲得很大的成功，
他們能看到自己的錯失而不會受到虛假的諂媚誤
導。

雙手的顏色也是很重要的，需要小心的注意。手的
顏色部份決定於血液循環的狀況而有醫學上的價值。由
於生理上的條件而產生手的顏色。

如果血液流動是強烈而自由的，表示健康是可確信
的，但另一方面，如果一般循環狀況是遲緩或是有局部
充血現象，表示病態的開始。

沒有一種病理上的障礙不是起因於血液狀態，要重
建或保持正常的循環作用，在醫學與外科手術上，最大
的問題就是要如何成功地處理這些慢性病因。

　　檢查手的顏色要看整個手掌而不是手背，仔細觀察掌紋和指甲的顏色。當然也要考慮季節及溫度變化的影響。在冬天傾向於白色，而在夏天由於陽光而現出紅色。

1. 當手掌的顏色是死氣的蒼白，表示冷淡的性情。這種人是冷酷的，在態度上是討人厭的，他的肌肉鬆軟，心臟軟弱。他是自私而沒有感情的，善於挑剔，他很少朋友，不屬於社會的。

2. 桃紅色是健康的顏色。桃紅色的手掌表現生命，能量及精神。這樣的人是聰明，爽朗活潑的。他們頭腦清醒不會意志消沉。他們生活愉快而生動，對他們來說生活是喜劇而不是悲劇。他們是好友，能刺激白色手掌的人走入生活。

3. 掌心是紅色而不全然是桃紅色時，表示一個熱心熱誠的本性。這樣的人做事完全，他有極度的活力和健康，他有充沛豐富的能量。工作努力。他有強烈的愛心，熱心於工作藝術或挑戰。他說話坦誠，使用句子簡短強烈。他們的愛情有如永不衰弱的火焰。他們很難自我控制而且貪吃。

4. 有黃色掌心的人是壞脾氣的，他們易怒而不高興，他們脾氣暴躁，有夢幻症及憂鬱症。他們規避社會，充滿傷感，對任何事情都看不到光明的一面。

3

手的型別

手的型別有七種：

一、基本手型

二、方形手型

三、平刀形手型

四、哲學家手型

五、圓錐形手型

六、靈性手型

七、混合手型

它們的特性分別描述如下：

一、基本手型

他具有堅硬粗重的手指。大拇指短小，上面帶有指甲的一節向後彎曲。常常縮成一團，有沉重厚實的掌心，而指甲尖不很成形。

在歐洲人種中，這種手型的人從事不需技術的手工。在暗淡視線下打掃馬廄及做連串的粗工。

無需個人的勇武及卓越的領導，這種人自然地善戰。在缺乏機械灌溉下的土地上，他們流汗出力從事墾荒工作。總和來說，他們的意見是千篇一律而少有理性，他們的個性是消極的。他們做事大多按照習慣而缺乏激情。

他們很少夢想，感覺遲鈍，缺乏想像力。除了立即的需要以外，他們對每一樣事情不會覺得有什麼不同。今天在南北極地方可以發現完全具有這種手型的人，還有韃靼人，另外在其他地方多少也發現一些。沒有高貴氣質的人在任何地方大多不受歡迎。

這種手型的人大多喜歡迷人的詩歌或簡單的音樂而較少接觸科學。在古希臘神話中，人類形成的社會或建立的城市，就是充滿樂神 Orpheus 抒情的韻律以及太陽神 Apollo 笛子的合聲。

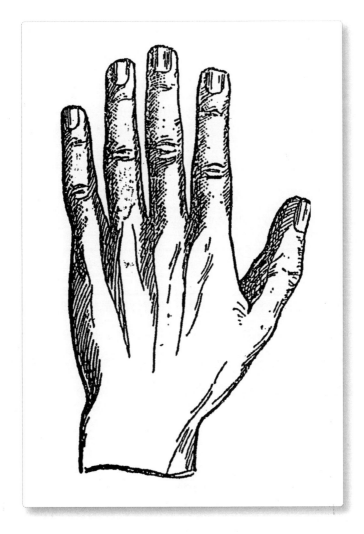

基本手型

二、方形手型

他帶有許多關節的手指，屬於中等尺寸，整個來看有方形的外表。他有較大的姆指，而手掌心看起來也是方形的，有幾乎相同的長度和寬度。方形手型的人有毅力，有遠見，同時慣於傳統及次序，遵循真理，具有正直感。他們不接受文明的訓練，對法律有偏見。他們非常主觀地認定人與人之間的法則，喜歡連貫性，他們的智力可以擴張但是不能昇華。他們常常拒絕他們不能感覺或了解的事，而正視他們知識的限度有如自然的限度。

他們有社會性，政治性，經濟性的風格，他們喜歡數學以及正確的文學，他們遠離理想主義而喜歡安全的社會。他們寧可喜歡某些特權而不要絕對的自由，權威是他們的本性，他們喜歡感覺到身分，出生，法律以及傳統的權威，他們喜歡指使他們的另一半。

三、平刀形手型

這型手的上節手指多多少少表現抹刀平直的外表，自然地有很大的姆指。這類手型的人大都是在高山國家，他們是很好的移民，由於物資的需要他們願意到任何國家，很適合從事手工。

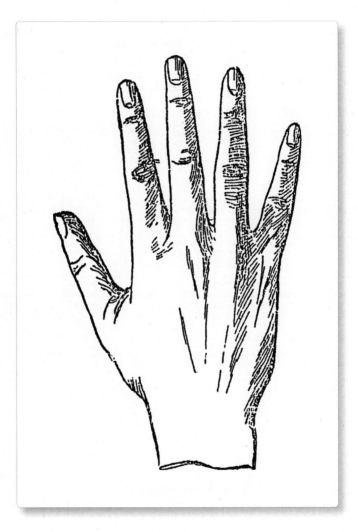

方形手型

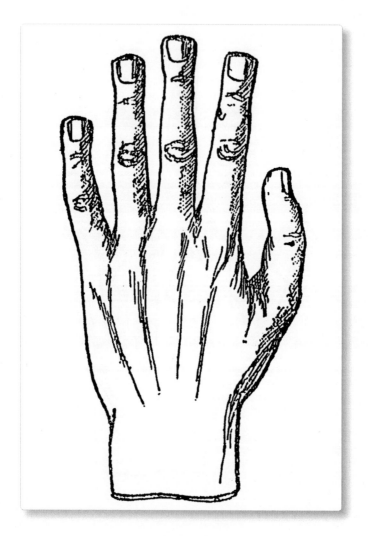

平刀形手型

　　他們喜好運動而使他們比較不會感到移居的煩惱，他們大致來說，像英國及美國的例子，自由是所有政治制度的基礎，英國人和美國人是比較傾向於排他主義以及個人主義。

　　這類手型的人極端自信，他們是英勇的，勤勉的，活躍的。他們有如獨眼巨人Cyclops的力量和特質。在古代，他們在地球上造了許多城堡，他們能爬上海角石巖的頂上。他們是和平和戰爭的領導人。

四、哲學家手型

　　這手型的手掌很大，樣子很好但骨骼粗壯，手指是多節的。上節手指的形狀是一半方形一半圓錐形的，手指的最上小節像蛋形的抹刀。

　　哲學家手型的人有計算的天賦，多少有演繹推斷的能力，以及思考和行動的方法，對詩歌的相關形式以及形而上學具有直覺的能力。他們投入外在的世界如同內在的世界，他們尋求事情的形式較少於本質，尋求美麗較少於真理。

　　他們渴望真正的知識，他們訴求思想的理性，證明和自由。如果這類型的手是大的，他們傾向於分析，如果是小的，則傾向於綜合，如果有小的姆指則他們被感情支配，有大的姆指則他們受制於理智。

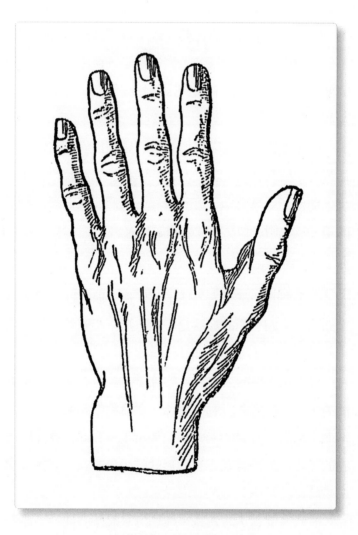

多節手型或哲學家的手型

五、圓錐形手型

圓錐形手型也叫做藝術家手型。它具有圓滑的手指頭好像圓錐或是延長的頂針。這類手型的人專長於塑造藝術，油畫，雕刻，詩歌，音樂或其他藝術。他們很有想像力，有夢想及自我集中能力。具有寬闊厚大手掌及大姆指的這類手型的人表示財富，偉大及名望。

他們貪求閒暇及愛情，吸引力是他們生活的指針。他們常熱衷於興奮的生活，他們富有情趣多於理想，他們欣賞色彩多於形式，他們有火一樣的想像力及冰一般的感情。

拿破崙就有這樣的手。藝術家手型的人由於靈感而行動，喜歡突發的動作，他們具有勇武，敏捷，易怒及自負的性情以及有即興表演的才能。他們較重短暫的榮耀甚於固定持久的工作。

六、靈性手型

靈性手型是最美麗的而且也是難得的，是罕有的美人條件之一。跟身體的其他部份比起來它是矯小柔弱的。他的手掌不大不小，有圓滑的手指，有指甲的一節細長，及一個小小優雅的姆指。假如這類型的手大而有許多節的話，則表示具有力量及組合的才能，但是失去

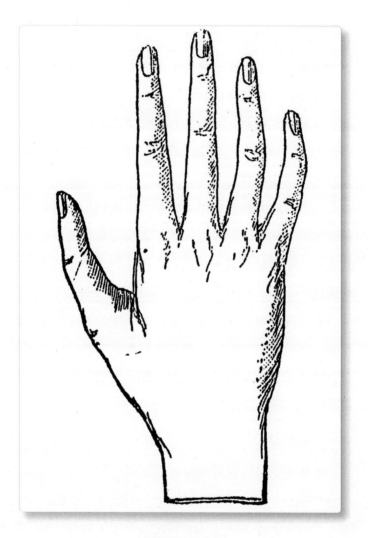

藝術家的手型

了它的自然性。靈魂是他們的指南，對愛情真誠是他們的目的，而慷慨豪爽是他們的方法。

這類手型的人到處尋求想像和藝術，追求神性。在亞洲南部神秘地區有大量的這類手型的人。唯靈論者獻出他們的熱心，也期望別人對他們的理想有相同的熱愛。

七、混合手型

這類型的手混合了一或多種不同型式而不易區分。手指尖部份不屬於前面所述那些類型的手。

這類手型的人其智力是自然智力的一部份，沒有他們，社會將沒有光明和黑暗，沒有他們的中和或改良，社會將只有靠掙扎跳躍才有進步。

4

毛髮能告訴什麼？

　　毛髮能告訴它們自己的故事，對膚淺的發現者，它們並沒有多大價值，但是當合成的性質被開啟後，它們就變為重要了。手上有毛髮出現是自然的，但是人類並不希望有多毛的身體。

1. 身體上有毛髮存在，表示在個性上有些粗野的元素。

2. 一個人身上毛髮越多，他的體能越好。

3. 在手上有大量的毛髮生長，表示一個未消耗的活力。

4. 在女人手上如有毛髮，表示她的男子氣，必須斟酌衡量她的個性。

5. 男人手上沒有毛髮，表示他是一個有修養的紳士，他的體能也許不強但在個性上不一定柔弱。

6. 粗糙的毛髮表現粗野的個性，而細嫩的毛髮則表現出良好的氣質。

7. 在女人手上有粗糙的毛髮，表示她個性的粗野，雖然經過化粧可以變為細嫩。

8. 在手上有金髮出現，表示他是一個個性平靜，不急躁而冷靜的人。他是誠實平凡的，不是享受主義者。

9. 有黑色毛髮的手表示溫暖，感官的，很少休息及快活的個性。

10. 紅髮則表現興奮及傾向激怒的個性以及毫不猶豫地準備打鬥的性情。

不能單獨研究手上的毛髮，必須混合手上其他的特徵一起研究。白髮對老人而言是活力的損失，對年青人則必須和掌紋圖上其他的因素一起考慮。

5

手上的圖形

假如你想進入手相學的神秘世界如同水晶球一樣明白。主要地你必須很仔細地了解手上地圖中的大路和支路，點及突出的部份。

將你的手平放在紙上，掌心向上，在光線下依據下述的方向來研究你的手：

一、三個不同的部份

1. 手本身—包括從手腕至手指最下關節的區域。

2. 手指—有四個手指，每個手指有三節。

3. 姆指—只有兩節。

二、手本身有兩個重要部份需要仔細研究

1. 掌紋—這些掌紋可以肉眼看到，有些細小紋路則需要借助放大鏡。

2. 掌丘—在每一手指底下有一些像墊子一樣突出的肉丘，環繞在手的四周。

三、掌紋

1. 生命線—它由手腕開始環繞著大姆指。

2. 智慧線—它橫切掌心，一端接觸或靠近生命線。

3. 感情線—它在智慧線的上端橫過手掌，有時和智
   慧線平行。

4. 命運線—它靠近生命線由手腕向上有時直達手
   指。

5. 事業線—或阿波羅線，它是一根細小的線紋由感
   情線升起而在食指和中指之間終止。

6. 健康線—它由生命線開始而到達小指。

7. 維納斯圓（Circle of Venus）—它是繞著食指和
   中指之間的一個圓環。

8. 三個手鐲（Bracelets）—介於手腕與手掌之間的
   三條線。

9. 婚姻線—在手邊小指下的一條線。

10. 旅行線（Travel lines）—這些線條在手掌相對於
    生命線的一邊。

另外還有許多細小的線條將在後面幾章討論。

四、掌丘

1. 木星（Jupiter）掌丘—在食指之下。

2. 土星（Saturn）掌丘—在中指之下。

3. 太陽星（Apollo）掌丘—在無名指之下。

4. 水星（Mercury）掌丘—在小指之下。

5. 火星（Mars）掌丘上部—它在智慧線與感情線之間，在姆指對面的手掌邊。

6. 火星（Mars）掌丘下部—它在姆指這邊的手掌上，與上部相對。

7. 金星（Venus）掌丘—在姆指與生命線之間。

8. 月神（Luna）掌丘—與金星掌丘相對。

當你了解這些掌紋和掌丘以及它們個別的特徵，你就進入手相學的初步。最好將掌紋和掌丘一併研究而得到最後的決定。總之，從掌丘決定主要的個性，從掌紋則可指出他特別的長處和短處。

6

整體來看你的手

　　值得整體來看你的手，因為它產生重要的結果。我們必須找出整個手是否均勻平衡或是一部份輕，一部份重。平放你的手然後仔細地檢查它們。

一、手相學三個要點

　　1. 手指或手的上部表現出這個人的心智。

　　2. 手掌可以由火星掌丘上部至下部之間畫一條線分成兩部份。

　　　這條線的上部至手指之間可以表示出這個人的身體機能。

　　3. 這條線的下部至手腕之間則表示這個人的基本性格。

　　假如手指的長度是佔優勢的，心智便是支配的因素。

　　假如中間部份較為發達，每天工作的活力便是控制的情愫。

假如下半部較為強壯，這個人生活在較低俗的水準，本性上是肉慾及獸性的。

假如這三部份是均勻平衡的，這樣的人則是非常幸運的，在智慧和感情方面有平衡的性質。他是聰明的，理性的，講求實際的，謹慎的，好脾氣的而且具有許多常識的人。

二、手的大小

1. 很小的手表示這個人思想紊亂和殘酷的本性。
2. 小手但並不很小，表示一個優美的心智。
3. 平均的手表示有外在實際的常識和健康。
4. 大手表示細緻的愛情。
5. 很大的手表示對瑣事具有急躁有害的心情，這樣的人是好管閑事的人。

三、毛髮的意義

1. 在女人如有多毛的手，可能表示殘酷的個性。
2. 男人的手是非常多毛的，表示有猛烈的脾氣。
3. 當只有姆指有毛髮，則表示有發明創作的遺傳特質。
4. 在手指底下兩節有毛髮，表示缺少簡潔和美好的態度。

5. 所有指節上都有毛髮，表示熱心的性情。

6. 深色毛髮表示易怒的個性。

四、手本身

1. 當手掌部份長於手指部份，表示任性，懶惰以及游手好閒。

2. 當手掌部份和手指部份一樣長時，表示具有和諧規律的發展。

3. 當手掌部份短於手指部份，表示有觀念及想像力，以及快速滲透他人真實個性的能力。在藝術方面表示有融合靈感與技巧的快樂個性。它也表示是一個高級音樂家的手。

五、手的厚度

手的厚度是按照手掌中央部份來判斷，手的粗糙和柔軟度並不考慮。

1. 一個厚和硬的手表示一個原始粗野的自然個性。

2. 一個很厚很硬的手表示非常殘酷的性格。

3. 厚但並不很硬的手表示一個不考慮安樂的工作者。

4. 厚而軟的手則表示自我放縱及懶惰的人。

5. 厚而並不很軟的手則表示過度享樂的人。

6. 厚而非常軟的手則表示享樂，自私沒有克制及討厭工作的人。

7. 薄而非常軟的手則表示沒有感情冷酷的人。

8. 薄而硬的手表示自私，貪心而心胸狹小的人。

9. 薄而軟的手表示虛弱的體質。

10. 厚而不軟不硬的手是聖者先知的手。

六、手掌的特質

手掌在手腕至手指根部之間。

1. 狹的手掌—缺少勇氣及歡欣，沒有想像力。

2. 寬的手掌—強壯及平衡安詳的脾氣。

3. 厚而太寬的手掌—猛烈的脾氣及虛偽的個性。

4. 方形手掌—表現老練的熱愛體能活動的人類個性。

5. 極端光滑的皮膚—傾向於風濕及痛風病症。

6. 很蒼白的手掌—自私。

7. 黃色手掌—病態及患黃膽病者。

8. 乾燥皮膚—傾向於發燒。

9. 潮濕皮膚—有嚴重肝病，也是缺少教化的個性。

10. 平而高的手掌—極驕傲的。

11. 向生命線部份非常凹陷的—家庭的麻煩。

12. 向感情線部份非常凹陷的—失望的愛情。

13.向智慧線部份非常凹陷的─腦部的疾病。

14.一般均很凹陷的─生活失敗，特別在財務方面的
失敗。

7

指甲指出什麼？

在手相學裡，指甲也是重要的，需要仔細研究它們的顏色，形狀及一般構造。在顯微鏡下觀察，指甲是由細絲般的肌纖維構成，緊密的黏合成為角質的形式，指甲保護在它們底下的神經纖維避免傷害，這些神經末梢在生理上有重要性，為觸感神經的尖兵。

1. 短指甲─非常好奇的人。

2. 短而硬的指甲─好爭吵的人。

3. 短指甲及軟手掌─天生的批評家。

4. 食指為短指甲，其他手指為杏仁形狀─對於評論極端敏感。

5. 短而蒼白的指甲─沒有道德的偽善者。

6. 短而紅的指甲─猛烈的個性。

7. 短而方形及淺藍色的指甲─有心臟病的人。

8. 短而三角形的指甲─將要麻痺的病人。

9. 短而狹及彎曲的指甲─脊髓骨有病的人。

10. 寬長及圓的指甲—合理謹慎的人。

11. 薄脆及長的指甲—虛弱的體質。

12. 長薄及彎曲的指甲—在愛情上非常衝動的人。

13. 長薄及狹的指甲—膽怯及懦弱的人。

14. 完全的指甲（白杏仁形及自然的光澤）—健康快樂的性格。

15. 成脊形的指甲—對特殊事情有熱愛的人。

16. 交叉成脊形的指甲—將有病的人。

17. 食指指甲向內彎的—腺及肺有病的人。

18. 有很多白斑的指甲—血液循環不良及貧血的人。

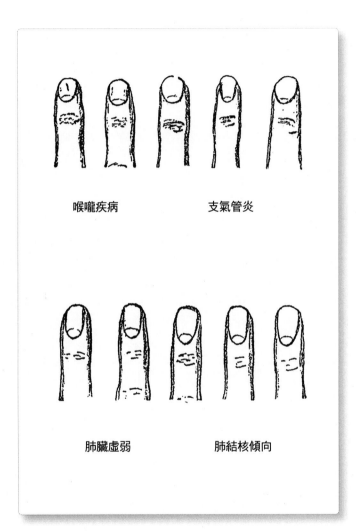

指甲的不同型式

8

手指表現個人

每一手指與其下的掌丘有關係。

食指為木星（Jupiter）之指。

中指為土星（Saturn）之指。

無名指為太陽星（Apollo）之指。

小指為水星（Mercury）之指。

姆指另外分開來看，手指能表現人的個性。

一、手指的位置

1. 手指在掌丘上平均地成一條線表示成功。

2. 食指較低的人在社會交際上是笨拙的。

3. 小指較低的人生活充滿掙扎奮鬥的。

4. 食指傾向姆指─極大的希望能夠獨立自主。

5. 食指偏向中指─驕傲的人。

6. 中指偏向食指─多古怪幻想及傷感的人。

7. 中指偏向無名指─很少病態的。

8. 無名指偏向中指—病態的虛榮心。

9. 無名指偏向小指—喜歡商業藝術的。

10. 小指偏向無名指—工作與藝術混合的。

11. 手指底部靠在一起—好奇心重的人。

12. 手指底部非常靠攏—沒有意義。

13. 姆指與食指之間有很大空隙—出生高貴的人。

14. 食指與中指明顯地分開—思想獨立的。

15. 中指與無名指之間空隙很大—聽天由命的人。

16. 無名指與小指之間空隙很大—放蕩不拘行動獨立
    的人。

17. 所有手指間空隙相等者—不依慣例的。

18. 常常手指靠攏在一起—不善社交的。

19. 手指向前彎的—沒有意義。

20. 手指向後彎的—快活的性情。

21. 堅硬的手指—重實際的個性。

22. 柔軟的手指—沒有金錢觀念的人。

二、手指的長度

1. 很長的手指是有偏見的，很喜歡挑剔找碴的人。

2. 長的手指—喜歡瑣細的，有能力做好細微的事
   情。

3. 長而薄的手指—是殘暴的，欺詐的，有外交手腕

的人。

4. 平均的手指表示一個良好平衡的心智。

5. 短手指—喜歡誇大的計劃。

6. 非常短的手指—惡棍的手。

三、食指的長度

1. 一般大小—好動的性情。

2. 太長—殘暴的。

3. 太短—不喜歡負責的。

4. 彎曲的—不正直的。

四、中指的長度

1. 一般大小—謹慎的。

2. 太長—病態的。

3. 太短—容易享樂的。

4. 彎曲的—謀殺犯的個性。

五、無名指的長度

1. 一般大小—喜好美麗的。

2. 太長—喜好思索的。

3. 太短—喜好金錢的。

4. 彎曲的—對藝術有錯誤的觀念。

六、小指的長度

1. 一般大小—多才多藝的。

2. 太長—詭詐的。

3. 太短—沒有思想的。

4. 彎曲的—不誠實的。

七、手指的比較

1. 食指比中指長—個性跋扈，對偉大近乎癡狂的熱中。

2. 食指和中指一樣長—喜愛權力，有大志的人，像拿破崙的手。

3. 食指比中指短—對任何事都保持沉默，病態的近乎愚行。

4. 食指比無名指長—盲目的，有害健康的野心。

5. 食指和無名指一樣長—對財富及名望有極大的渴望。

6. 食指比無名指特短—安於平凡的生活，對藝術沒有熱愛。

7. 中指比無名指長—在藝術文學財政方面有妨害而無法成功，對任何事都失敗。

8. 中指和無名指一樣長—冒險的性格。

9. 中指比無名指短—選擇絕望的冒險，愚勇的事業。

10. 無名指通常比小指長—在美術上有極大的成功。

11. 無名指近乎與小指一樣長—對好壞都有使人信服的能力。

12. 小指等於食指—有外交才能。

13. 小指近乎等於中指—偉大的科學能力。

八、手指的形狀

1. 第三個手指節擴大的—喜愛很好的生活。

2. 三個手指節成腰形的—優美的個性及講究吃食的。

3. 手指有尖指頭的—白日夢者。

4. 圓錐形的指頭—理性與想像融合的人。

5. 方形的指頭—理性的人。

6. 平刀的指頭—工作沒有計劃的人。

7. 尖頭形的手指：

   圓滑的—詩樣的感情。

   上結—在靈感與理性之間掙扎。

   下結—在藝術上獲得財富的成功。

   雙結—有創作的靈感。

8. 圓錐形的手指：

圓滑的—有甚於詩樣感覺的天賦。

上結—被實際理性控制的藝術家。

下結—加於藝術上道德的力量。

雙結—極大的天才。

9. 方形的手指：

圓滑的—有想像商業計劃的能力。

上結—天生的理性者。

下結—對任何事都事先負責的。

雙結—特優的理財家。

10.平刀的手指：

圓滑的—喜歡旅遊的人。

上結—天生的反對者，無神論者。

下結—有指揮才能的人。

雙結—喜愛戶外生活的人。

姆指—性格之鑰

9

　　"姆指是性格之鑰，在手相學中，其他部份沒有姆指來得重要，必須在全力鑑賞下來考慮這個奇妙的姆指。" William G. Benham說：「許多印度人靠著姆指得到性格的很大啟示。中國人有更多複雜的系統是基於這個大拇指。而吉普賽人在手相工作上大都基於姆指上的知識和本身的精明，給了他們足夠的資料。不考慮手的其他部份，光從姆指中也能得到很好的來源。」

　　姆指不算在手指內，因為它能獨立分開，可以隨意地和其他手指在相對的方向來看。

1. 大的姆指表示較強的個性，在生活中一直被感情控制著。

2. 較小的姆指表示較弱的個性，也是被感情帶領著。

3. 大的姆指顯示性格的力量，而小的姆指則缺少。

4. 假使姆指是小的，你能猜到這個人是感情用事的，善感的，很容易受影響的。

5. 有大的姆指的人欣賞實際有用的事情，而小的姆
指的人則欣賞美麗詩意的事情。

6. 小的姆指的人是不能在大的姆指的兄弟前堅持自
己的意見。

姆指和其他手指一樣可以分成三節，只是有一節在
肉裡，不容易看出來。大野獸由於它的手而醒目，而人
類則由於大姆指而顯著。姆指在一些哺乳動物中只在前
面很小的部份，但在人類卻是重要的部份，是手的最重
要的端部。

一、姆指的位置

1. 太高—表示白痴。

2. 高但不太高—缺少適應能力。

3. 低—高貴的出生。

4. 接近於手指—貪心的。

5. 遠離於手指—奢侈的個性。

二、姆指的大小

1. 很長—倔強的。

2. 長但不很長—對思想及行動有很好的能力。

3. 短—缺少理性的。

4. 很短—很感情用事的，善變的。

三、姆指的形狀

1. 厚—粗率，坦白的忠實。

2. 平—神經過敏的。

3. 寬大的—猛烈粗暴的。

4. 苗條的—高尚的風格。

5. 硬的—頑固的。

6. 自然地向後彎曲—高貴的。

7. 柔軟的—不依慣例的傾向。

四、姆指的第一節

1. 很長—專制的。

2. 長但不很長—健康良好的力量。

3. 短—缺少良好的力量。

4. 很短—慢性的自我消沉。

5. 圓錐形—懶於想像力。

6. 方形及長的—良好加上光明正大的力量。

7. 平刀形及長的—在戰場上是出色的指揮者。

8. 寬大的—倔強的。

9. 平的—壞的個性。

10.彎的—謀殺犯的姆指。

11. 厚—好色的。

12. 苗條的—動作優雅的。

13. 瘦而長—堅忍不拔的。

五、姆指的第二節

1. 很長—不信任別人及任何事的人。

2. 長—良好強壯的理性者。

3. 短—不規則的理性者。

4. 很短—在行動前從來不思考的人。

5. 寬而長—對瑣事有相當了解的。

6. 寬而短—智力早期的型式。

7. 平的—沒有邏輯的。

8. 厚而笨拙的—低度的腦力。

9. 瘦的—思想精細的。

10. 腰子形的—喜歡動腦筋的事情。

六、綜合姆指的關節

1. 第一節長及第二節短的—在想法及行動上不顧一切的人。

2. 第一節短及第二節長的—只說不做的人，他們主張很好但是沒有執行的能力。

3. 在兩節之間的結是增加理性而減少性格上的直覺。

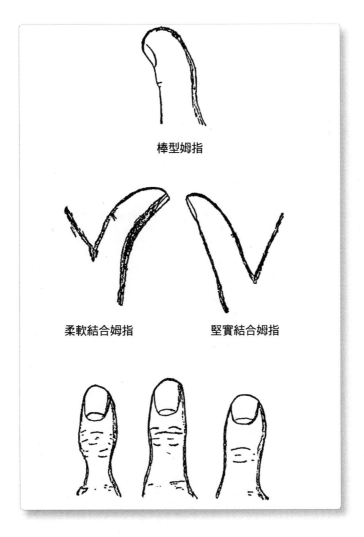

棒型姆指

柔軟結合姆指　　　　堅實結合姆指

姆指的不同形狀

10

手上的掌丘

　　環繞在手掌四周肌肉形成一團一團的輕微突出部份稱為掌丘。它們共有七個，它們是很重要的神經末梢，也是生命要素中神秘流體的儲存庫。

一、掌丘的意義

1. 正常位置—好的跡象。

2. 缺少的—相對部份質的缺少。

3. 很突出的—品性卓越的。

4. 掌丘是由其上的線條及符號，來考慮現在及動作，而不是由於突起的記號。

二、木星（Jupiter）掌丘

1. 尖形手指：

正常—靈性的典型。

高於正常—迷信的。

低於正常—厭惡宗教的。

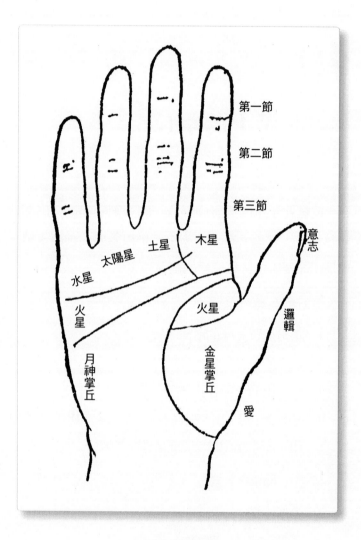

手上的掌丘

2. 圓錐形手指：

正常—極端驕傲。

高於正常—藝術家的自負。

低於正常—輕視別人的。

3. 方形手指：

正常—在事業上喜歡很大的冒險。

高於正常—虛榮的。

低於正常—缺少自尊的。

4. 平刀形手指：

正常—驕傲的。

高於正常—自誇的。

低於正常—粗俗的。

三、土星（Saturn）掌丘：

1. 尖形手指：

正常—詩人的傷感。

高於正常—病態憂鬱的。

低於正常—不信鬼魂的。

2. 圓錐形手指：

正常—病態的。

高於正常—生活悲觀的。

低於正常—藝術寫實的。

3. 方形手指：

正常—喜歡孤獨的。

高於正常—憎恨人類的。

低於正常—反常沒有理性的。

4. 平刀形手指：

正常—喜歡農事的。

高於正常—輕視別人的。

低於正常—沒有社會地位的苦役。

四、太陽星（Apollo）掌丘：

1. 尖形手指：

正常—快樂的夢幻者。

高於正常—瘋狂的天才。

低於正常—藝術氣質的夢幻者。

2. 圓錐形手指：

正常—理想化的藝術家。

高於正常—超過比例的才能。

低於正常—沒有天賦的精明。

3. 方形手指：

正常—實用有特徵的藝術家。

高於正常—被貪婪閉塞的才能。

低於正常—不喜歡文學的。

4. 平刀形手指：

正常一喜歡刺激的。

高於正常一會弄出聲響的壞工作者。

低於正常一輕視文化的。

五、水星（Mercury）掌丘：

1. 尖形手指：

正常一神秘學者。

高於正常一新文明的夢幻者。

低於正常一不良融合的思想。

2. 圓錐形手指：

正常一神學的雄辯者。

高於正常一發明家。

低於正常一障礙下的雄辯者。

3. 方形手指：

正常一偉大的發明家。

高於正常一危險的策士。

低於正常一沒有創造力的。

4. 平刀形手指：

正常一偉大的發現者。

高於正常一不謹慎的冒險家。

低於正常一行動沒有用的。

六、火星（Mars）掌丘上部：

1. 尖形手指：

正常—有勇氣的殉教者。

高於正常—宗教的迫害者。

低於正常—懦弱的信徒。

2. 圓錐形手指：

正常—有勇氣的愛國者。

高於正常—受傷的虛榮者。

低於正常—害怕面對公眾的。

3. 方形手指：

正常—有勇氣的戰士。

高於正常—極端的悲觀者。

低於正常—懦夫。

4. 平刀形手指：

正常—有勇氣的探險家。

高於正常—兇猛的流氓。

低於正常—懦弱的戰士。

七、火星（Mars）掌丘下部：

1. 尖形手指：

正常—宗教的順從者。

高於正常—不健康的自虐者。

低於正常—敏感的靈魂。

2. 圓錐形手指：

正常—禁慾者。

高於正常—硬心腸的人。

低於正常—容易犯罪的。

3. 方形手指：

正常—忍耐者。

高於正常—被動的殘酷者。

低於正常—害怕受苦的。

4. 平刀形手指：

正常—不怕任何事的。

高於正常—主動的殘酷者。

低於正常—懦者。

八、金星（Venus）掌丘：

1. 尖形手指：

正常—理想的愛情。

高於正常—感官的想像。

低於正常—愛情至上的。

2. 圓錐形手指：

正常—詩人個性的愛情。

高於正常—不忠實的。

低於正常—沉迷的藝術家。

3. 方形手指：

正常—忠實的愛家者。

高於正常—好色的。

低於正常—性反常的。

4. 平刀形手指：

正常—忠實的愛情。

高於正常—有許多的情人。

低於正常—異性的厭惡者。

九、月神（Luna）掌丘：

1. 尖形手指：

正常—高原則的想像。

高於正常—全然瘋狂的。

低於正常—尚未發現有此種情況。

2. 圓錐形手指：

正常—天賦的藝術家。

高於正常—沒有常識的。

低於正常—平凡的存在。

3. 方形手指：

正常—健康的愛詩者。

高於正常—缺少常識的。

低於正常—模仿的存在。

4. 平刀形手指：

正常—自然的愛好者。

高於正常—猛烈的發狂者。

低於正常—從不想到未來者。

有時候，會發現掌丘不在正常的位置。它們表示個性上一些不同的意義。

一、木星掌丘：

1. 傾向於食指—虛榮。

2. 傾向於土星掌丘—自我優越感。

3. 傾向於感情線—有深情的驕傲。

4. 傾向於生命線—愛家的驕傲。

二、土星掌丘：

1. 傾向於中指—喜愛孤獨的。

2. 傾向於太陽星掌丘—半瘋狂的。

3. 傾向於木星掌丘—傲慢地。

4. 傾向於感情線—害怕感情的。

三、太陽星掌丘：

1. 傾向於無名指—豐厚的運氣。

2. 傾向於水星掌丘—藝術家的才能。

3. 傾向於土星掌丘—喜愛寵物的。

4. 傾向於感情線—慈悲的心懷。

四、水星掌丘：

1. 傾向於小指—智慧及幽默的。

2. 傾向於手掌底—事業成功的。

3. 傾向於太陽星掌丘—事業混合藝術，有華麗的個性。

4. 傾向於火星掌丘上部—傭兵。

五、火星掌丘上部

1. 傾向於手掌底—勇氣。

2. 傾向於手掌心—入侵者

3. 傾向於月神掌丘—使人著迷的。

六、月神掌丘

1. 傾向於火星掌丘上部—喜愛和諧的。

2. 傾向於手腕—狂野的想像力。

3. 傾向於手掌心—攻擊的想像力。

4. 傾向於金星掌丘—由於想像而興起行動。

七、金星掌丘：

1. 傾向於月神掌丘—好色的。

2. 傾向於姆指—感情控制意志。

3. 傾向於手腕—好色的。

4. 在姆指與食指之間—喜愛美的旋律。

八、火星掌丘下部：

1. 傾向於姆指—有意志的忍耐力。

2. 傾向於木星掌丘—有驕傲的耐力。

3. 傾向於金星掌丘—對感情力量有耐力。

當掌丘表現異常的突起或有一些交錯混亂的線紋，表示下面不同的疾病：

1. 木星掌丘—中風患者。

2. 土星掌丘—風濕症。

3. 太陽星掌丘—動脈瘤。

4. 水星掌丘—黃疸病。

5. 火星掌丘上部—支氣管炎。

6. 火星掌丘下部—梅毒。

7. 金星掌丘—淋病。

8. 月神掌丘—貧血症。

11

掌丘上的記號

在掌丘上共有 16 種常見的記號，對初學者這是很重要的知識。

1. 點（Dot）─在皮膚上的斑點或凹痕。

2. 十字（Cross）─兩個細線互相交叉。

3. 星（Star）─十字加上一個或二個額外的線。

4. 三角形（Triangle）─規則的或不規則的。

5. 方形（Square）─有四個邊的圖形。

6. 圓形（Circle）─規則的或不規則的。

7. 格子形（Grille）─好像紗網。

8. 島形（Island）─在線內的圖形。

9. 角形（The angle）─兩條線接合在一端。

10.木星之記號─好像 "4" 字。

11.土星之記號─好像 "h" 字。

12.太陽星之記號─有斑點在內的圓形。

13.水星之記號─好像一把鑰匙。

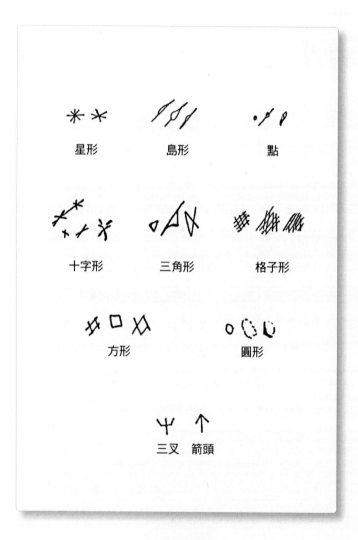

星形　　　島形　　　點

十字形　　三角形　　格子形

方形　　　　圓形

三叉　箭頭

手上的記號

14. 金星之記號—有一個圓在上部之十字形。

15. 火星之記號—逗點加上圓圈。

16. 月神之記號—好像一個新月（半鉤月形）

一、在木星掌丘上：

1. 單一條線—成功。

2. 二條線—不成功的兩樣不同的志向。

3. 像梯子樣的線紋—重複的失敗。

4. 混亂的線紋—不幸的冒險。

5. 髮絲般的十字線紋—頭部受傷。

6. 發條般的線紋—中風患者。

7. 點—破滅的名望。

8. 十字形—不快樂的個體。

9. 一個十字一個星—很有才氣的個體。

10. 星形—生活上突然的出名。

11. 方形—安全的社交。

12. 圓形—成功。

13. 三角形—精明的外交家。

14. 格子形—喪失品性的。

15. 島形—被朋友毀滅的。

16. 木星記號—對所有好的品質極度地熱心。

17. 土星記號—喜愛神秘的科學。

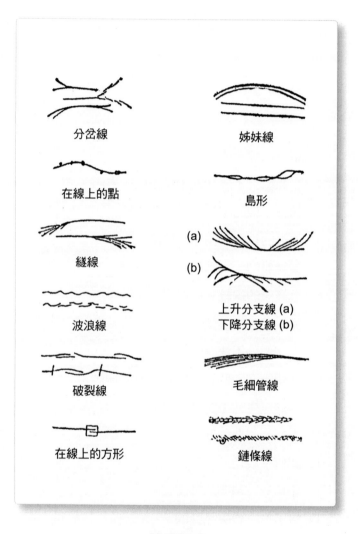

分岔線

姊妹線

在線上的點

島形

縫線

(a)

(b)

上升分支線 (a)
下降分支線 (b)

波浪線

破裂線

毛細管線

在線上的方形

鏈條線

線的形成

18.太陽星記號—喜愛美好藝術者。

19.水星記號—有行政的能力。

20.火星記號—軍事上的天才。

21.月神記號—白日夢者。

22.金星記號—由衷的愛情。

二、在土星掌丘上：

1. 單一條線—偉大的成功。

2. 二條平行線—晚來及艱苦的成功。

3. 許多線條—不幸的。

4. 十字線紋—胸部受傷。

5. 點—可能有害的。

6. 十字形—傾向於意外事故。

7. 星形—麻痺。

8. 方形—從很危險中安全脫險。

9. 圓形—好的兆頭。

10.在方形內的星—躲開被暗殺的危險。

11.三角形—神秘的能力。

12.格子形—不幸的生活。

13.木星記號—渴望名聲。

14.土星記號—熱愛神秘。

15.太陽星記號—愛好文學及自然。

16. 水星記號—愛好數學。

17. 火星記號—熱烈的好辯者。

18. 月神記號—瘋子。

19. 金星記號—對異性瘋狂的熱情。

三、在太陽星掌丘上：

1. 單一條線—財富與名望。

2. 二條線—真正的才能。

3. 許多混雜的線—許多無益的計劃。

4. 髮絲般的交叉線條—手臂受傷。

5. 點—危險的社會狀態。

6. 方形—藝術加上事業。

7. 圓形—很有名望的。

8. 三角形—經過科學在藝術上成功的。

9. 格子形—錯誤虛假的才能。

10. 木星記號—政治上的雄辯者。

11. 土星記號—使用錯誤的神秘。

12. 太陽星記號—在藝術上成功。

13. 水星記號—財務方面的天才。

14. 月神記號—過度的想像。

15. 金星記號—愛和詩歌的理想主義者。

四、在水星掌丘上：

1. 一條線—不預期的好運。

2. 許多線條—奢侈的。

3. 髮絲般的交叉線條—腿部受傷。

4. 點—事業上失敗。

5. 十字形—欺詐者。

6. 星形—不忠實地。

7. 方形—預防財物損失。。

8. 圓形—被毒害死的。

9. 三角形—政治上精明的。

10. 格子形—悲慘死亡的記號。

11. 木星記號—名望及權力。

12. 太陽星記號—優雅的外表。

13. 火星記號—不法的盜竊。

14. 金星記號—感性的愛。

五、在火星掌丘上部：

1. 一條線—勇氣。

2. 數條線—暴烈的脾氣。

3. 點—戰鬥中受傷。

4. 十字形—爭吵中的危險。

5. 方形—被理性修正的強烈脾氣。

6. 三角形—軍事上的才能。

7. 格子形—橫死的危險。

8. 木星記號—採花賊。

9. 土星記號—謀殺犯的手。

10. 太陽星記號—喜歡作秀的。

11. 水星記號—天生的賭徒。

12. 金星記號—強烈的熱情。

六、在月神掌丘上：

1. 一條線—將有病痛的。

2. 混雜的線—不貞。

3. 點—神經系統的毛病。

4. 十字形—愛做夢的性情。

5. 三角形—溺水的危險。

6. 星形—有溺死的危險。

7. 格子形—膀胱有病的。

8. 木星記號—權力的夢幻者。

9. 土星記號—宗教的瘋狂者。

10. 太陽星記號—詩樣的浪費者。

11. 火星記號—頭部發燒（熱病）。

12. 金星記號—希望引起轟動的。

80

七、在火星掌丘下部：

　　1. 不成形的交叉線條—有自殺的傾向。

　　2. 星形—不幸運的。

八、在金星掌丘上：

　　1. 一條線—忠誠地。

　　2. 二條線—在愛情上不忠的。

　　3. 點—愛情上的疾病。

　　4. 黑點—性病。

　　5. 星形—心愛的人之死。

　　6. 在底部的星形—由於異性帶來的不幸。

　　7. 圓形—慢性的疾病。

　　8. 在底部的方形—封閉的生活。

　　9. 三角形—在愛情事務的計劃。

　　10. 格子形—預言的夢想。

　　11. 木星記號—愛好諂媚的。

　　12. 土星記號—憂鬱的愛情。

　　13. 太陽星記號—理想化的精神戀愛。

　　14. 水星記號—金錢的愛情。

　　15. 月神記號—色情的想像。

　　16. 火星記號—在愛情上粗野的性情。

12

從掌丘看出個性

　　有人相信手相學乃為占星術的一部份，他們相信巨大的星球，行星等遠遠影響到地球及地球上的生物。有一個理論是由手掌上的掌丘可以判定人們性格的型式，正如掌丘依據星球的文明命名之後，人們可以發現傑出的品質，這些天使般的守護神幫助人們克服一般存在的障礙。一個人可以從他手中特出的掌丘區分出他的性格。

一、木星掌丘：

　　木星族是好骨架及中等身材肥胖的人。他們的性格是由特出的木星掌丘來決定，掌丘的顏色是淡而清晰的。他們的聲音是宏亮的，他們的眼睛大而有清澈的瞳孔。他們的頭髮是捲毛帶有栗色的，鬍子是波狀的，眉毛是弓形的，嘴唇是厚的。他們的臉頰是圓的，帶有酒窩的。他們的皮膚是白裡透紅的健康顏色。他們常常頭上冒汗，他們有平滑的方形手指。

他們是樂天的，但易遭受痛風症。他們有政治手腕的天賦，他們熱誠及相當自信，喜歡熱鬧華麗的盛會。他們有不能忍受的傲慢性格，甚至他的妻子和小孩都要屈服在他惡劣的習慣下，他的性格是貪婪的，他的運氣沒有永遠跟著他。

二、土星掌丘：

土星族的人皮膚是病黃色容易產生皺紋的，他們的頭髮是細長柔軟的，眼睛閃爍而眼球有點黃色的，他們有細長的臉頰，他們的臂膀是肌肉結實的，手指是長向而多結的。

他們是壞脾氣的一型，在衣著及習慣上沒有個人的品味而通常是不好看的，他們是極端地悲觀及謹慎的，天生的多疑者，喜歡鬥嘴。他們不喜歡服從或沒有勇氣的反抗。他們喜歡較暗的顏色，他們是慢條斯理的，忍耐的及沒有倦態的。在實驗上他們常是不幸運的，獨立是他們的特性，常是憤世嫉俗者。

三、太陽星掌丘：

太陽星族的人膚色是金黃色帶有赤紅的健康膚色，他們的頭髮是金髮的，鬍子是輕軟波形的，眼睛是杏眼而閃爍著白色，鼻子是敏感的，眉毛為美麗的曲線，牙齒是整齊的，耳朵是粉紅色的，臉頰是健康的樣子，手臂是修長敏捷的。

他們肌肉結實但不肥胖，走路有著彈性，是天生的運動員，有方形指尖的圓錐形手指，有著健康平衡的身心，唯一的弱點是視力。他們喜歡生活中好的事情，是富有的捐贈者，他們多才多藝令人驚奇，很容易成為吸引人的焦點，他們也很容易獲致成功。對朋友熱心，接觸任何話題都能發揮。

四、水星掌丘：

水星族的人有長方形滿足的臉孔，膚色是淡淡的像是新鮮的蜂蜜，頭髮是栗色有一點點卷髮，前額凸出，眉毛是彎的，下巴是長的，他們的肩膀是挺直的，臉頰豐潤的，聲音不夠宏亮，彈性的手掌心，手指柔順輕巧。在壞的情況下，他們的眼眶下陷，頭髮變成沒有生氣。他們天生是神經緊張的壞脾氣者，肝及消化器官不佳。他們是行動及思想敏捷的人，善於爭辯，有巧答的才能，喜歡辯論及演說。

他能主動不倦的計劃，他的雄辯是基於事實而不是幻想，成功是合乎邏輯的，他是天生的演員而且善於模仿真實的生活，他是安全而不是熱心的朋友，有預言的天賦，他的心情是溫和的。

五、火星掌丘：

火星族的人身長是高於平均的，他是強壯的但不是過重的。他的皮膚赤紅色，頭髮是赤褐色，短而卷的，他的眼神是大膽的，瞳孔是灰色的，看起來是固定帶有充血的血色，牙齒是黃色的，鼻子彎彎像鳥嘴，下巴上翹的，臉頰平均，肩膀是寬厚的，他的背是充滿肌肉的，走路步伐是活潑固定的。

他有樂天的性情，血液澎湃是天生的戰者。他的輕率行動常常帶領他至死亡的邊緣。但是他是忠實的朋友。為了別人可以甘冒許多危險，與他人相交卻有一點困難。在愛情上行動是大膽的，將經歷無數次的示愛。他喜愛吃及喝酒。軍人是他選擇的職業，他受懦夫讚美，是天生的領導者。

六、月神掌丘：

月神族的人有一對淡淡的眉毛，膚色蒼白，肌肉像海綿般的無力，鼻子是小而圓頭的，下巴肥重的，耳朵緊貼著頭部，頸子有很多皺紋，肚子突出的。

他們常會發出難聞的汗臭及不安的眼神，他們有溺水的危險及腎病的可能。

他們是善變的，不可靠及自私的，他們喜歡旅行因為不會耽在固定地方，他們冷酷，懶惰及憂鬱的，身心遲鈍，他們答應從未遵守，他們多半是說比做的多。

七、金星掌丘：

手上金星掌丘較為顯著的是金星族的人，他們是不自私的，女性化的，膚色白色帶著桃紅色，他們的圓臉上看不出骨頭，他們的臉頰圓潤常有酒渦，眉毛是美麗彎曲著，當他們微笑時，在眉毛間可以看到清晰的二三條皺紋，頭髮像絲一樣，眼睛帶有甜甜的濕潤神情，肩膀常是下垂的，下顎是大的，手是帶有圓滑的手指。

金星族的人是強壯健康的，脾氣帶有神經質的樂天派者。他們是人類的精華，臉上愉快的表情表示他們享受著世界的安詳，他們喜愛音樂。

事實上，以上純粹的型式是罕有的，通常是兩種以上組合在一起，有好有壞，說明如下：

1. 木星掌丘：

   (1) 與土星組合：好－幸運在前頭

                壞－有自殺的傾向

   (2) 與太陽星組合：好－名望及幸運

                  壞－傲慢

   (3) 與水星組合：好－事業成功

                壞－奸詐

(4) 與火星上部組合：好－像指揮者一樣成功

壞－殘酷的暴君

(5) 與月神組合：好－很強的社交才能

壞－偏執於名聲

(6) 與金星組合：好－高尚及文雅的愛情

壞－屈服於虛榮心

(7) 與火星下部組合：好－宗教的信徒

壞－懦夫

2. 土星掌丘：

(1) 與太陽星組合：好－悲觀者中的甜美歌聲

壞－病態的想像力

(2) 與水星組合：好－愛好科學的

壞－欺騙

(3) 與火星上部組合：好－好戰的性情

壞－憤世者

(4) 與月神組合：好－有研究神秘科學的天賦

壞－由於生病而厭世

(5) 與金星組合：好－平靜慈祥的

壞－綠眼的龍

(6) 與火星下部組合：好－快樂的順從

壞－悲觀的消沈

3. 太陽星掌丘：

    (1) 與水星組合：好－原始事業的規劃者

        壞－危險的計劃

    (2) 與火星上部組合：好－社會的領導者

        壞－渴望在所有事業上表現

    (3) 與月神組合：好－最好的想像力

        壞－想像造成藝術上的迷途

    (4) 與金星組合：好－喜愛偉人或被大藝術家所愛

        壞－搖尾乞憐的人

    (5) 與火星下部組合：好－歡欣的順從

        壞－作秀式的順從

4. 水星掌丘：

    1. 與火星上部組合：好－偉大的戰士

        壞－傭兵

    2. 與月神組合：好－發明家的天才

        壞－金錢造成的瘋狂者

    3. 與金星組合：好－仁愛及細心的

        壞－愛錢財甚於其他

    4. 與火星下部組合：好－有堅忍的毅力不怕吃苦

        壞－頑固的做錯事的人

5. 火星上部之掌丘：

    1. 與月球組合：好－維護宗教者

                 壞－不顧一切的軍事冒險者

    2. 與金星組合：好－標準的戰士

                 壞－在愛的戰爭中粗野的征服者

    3. 與火星下部組合：好－被動的勇氣

                 壞－兇惡的脾氣

6. 月神掌丘：

    1. 與金星組合：好－理想的愛

                 壞－好色的思想

    2. 與火星下部組合：好－從事一個人的理想

                 壞－堅持愚笨的想法

7. 金星掌丘與火星下部之組合：好－愛心的忍耐

                       壞－為情人受苦痛

13

掌紋的常識

　　我們研究掌紋，必須達到清澈的真實程度，切不可受到研究古代的權威者之妨礙。長而一致的生命線給我們一個很高壽的保證，假如我們有這樣的一條線，也許可以在閒暇時研究這門科學，藉著手上真實的試驗來印證我們的理論知識，因為我們有足夠的時間。很明顯地我們可以從掌紋中得知"如何"及"為什麼"被一般接受的知識。初學者也可以基於他自己的情況，常識，經驗及研究而獲得這些掌紋的意義。

　　整個系統好像收集神秘能量的容器將我們的想法及情緒寫在我們的手上，好像電流通過留聲機唱片一樣的真確。掌紋比肉上的皺紋有更重要的意義，必須仔細地研究：

一、注意掌紋的顏色：

　　顏色必須正常而自然，掌紋也許有一點淺色但必須和手的一般顏色在鮮明上沒有顯著差別。

1. 蒼白的掌紋表示虛弱欺騙的個性。

2. 黃色的掌紋表示一個悲傷的性情。

3. 玫瑰紅色的掌紋表示健康及樂觀。

4. 紅色掌紋表示一個猛烈的性情。

二、注意掌紋的長度：

生命線不可能很長，但是愈長愈好，因為它表示一個很好很長的生命。其他掌紋也有它們的限度，在整體上看，長的掌紋總是比短的好。譬如智慧線長的比短的更有良好的頭腦等等。

三、注意掌紋的寬度：

健康的掌紋是細，直而不太寬的，掌紋可分為正常寬度，低於正常，高於正常三種，可藉著觀看許多人的手而了解不同：

1. 正常寬度表示沒有不正常的事。

2. 低於正常寬度表示這條掌紋品質的減弱，例如：
   一個狹的感情線表示感情影響的領域不夠寬敞或
   是這個人關心的只有少許親密的朋友或愛情。

3. 高於正常寬度表示特別品質的理解力，有寬的智
   慧線表示多才多藝的人。

四、其他要注意的幾點：

1. 深度－掌紋的深度愈深，表示愈淵博的品質。

2. 畸形－破裂，島形或有鬚縫的掌紋是有缺陷的而表示遠離這些掌紋原始的品質。

3. 缺少一條主要的掌紋譬如感情線是重大的預兆，必須非常小心地考慮。

4. 每一條掌紋都須仔細地考慮，因為正如Michelet所說"頭腦的震動是記錄在手上的。"

14

手掌上的時鐘

　　手相學家很成功地從掌紋上計算時間而藉著手掌顯現之不同記號及符號來判定未來將到的事件發生時刻。當然正確的時刻是不可能確定的，但是會在一個範圍內，譬如說五年一次，事件還是可以預測的。雖然有經驗的手相學家是不希望能在幾個月內甚至幾個星期之內建立正確的日期。但是這樣的預言是基於直覺而不是現代男女皆知的科學手相學的知識。

一、如何計量生命線：

    1. 用一條線來量生命線，從它的起點向下量到手腕節。

    2. 如果生命線在手腕以上就停止，將線延伸至手腕部份。

    3. 在底端將此線剪斷。

    4. 將此線折成兩半，在中間用墨作上記號。

5. 將此線的每一半再分成五等分作上記號。

6. 記號完成後，再將此線按照開始時的步驟，伸展在手上的生命線上。

7. 然後如下計算：第1個記號：6年

第2個記號：12年

第3個記號：18年

第4個記號：24年

第5個記號：30年

第6個記號：36年

第7個記號：43年

第8個記號：51年

第9個記號：60年

第10個記號：70年

二、如何計量命運線：

1. 用一條線來量命運線，由手腕的第1圈向上量至中指的根部。

2. 如果命運線未達中指根部，沒關係，你可以用你的想像力按照它的路線量至中指的根部。

3. 在線上通過智慧線的地方作上記號。

4. 然後將此線由此記號處分成兩部份。

5. 將手腕至智慧線的下半部份分成三等分：

(1) 從手腕向上第1部份的上端記上5年記號。

(2) 在第2部份的上端記上20年記號。

(3) 在第3部份的上端記上35年記號。

6. 智慧線那一點就是35年。

7. 與感情線相交那一點為50年。

8. 在中指的根部為70年。

三、要點：

我必須提醒你們注意，事實上，命運線的計量須按照手的長度加以修正，而生命線的計量則受到手的寬度的影響。這些輕微的不同將留給學習者藉著這種微妙的工作經驗來加以判別。

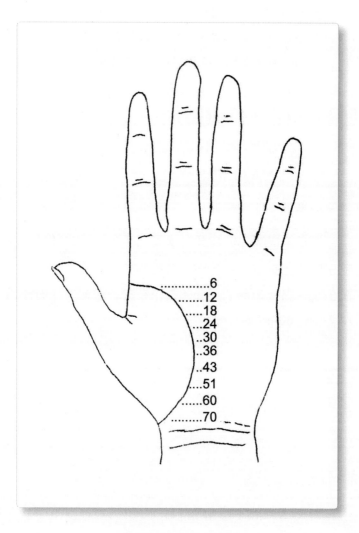

生命線－壽命的估計

15

生命線

　　生命線由木星掌丘下開始環繞著金星掌丘而向下至手腕處。有影響的線條譬如很細的髮絲交叉或接觸到主要的掌紋或掌丘，向上或者向下。向上的線條是有幫助的，向下則有害。

一、關於位置：

　　1. 接近於姆指的第2節—分娩時很困難。

　　2. 在手掌上形成一個很大的圓圈—長壽。

二、關於長度：

　　1. 生命線愈長則活得愈長。

　　2. 兩隻手的生命線均短—早死。

　　3. 不均勻的厚度—健康的不平均。

　　4. 中央部份瘦的—一年歲中的不健康。

　　5. 蒼白及寬的—粗暴的性情。

　　6. 深及紅的—粗暴的性情。

7. 很深的通過—短促的生命。

8. 鉛色的—病態的。

9. 像鏈子的—神經的毛病。

三、關於開始的那一點：

1. 假如從木星掌丘開始—極大抱負的理想。

2. 沒有和智慧線相連—不顧一切的。

3. 在起始分岔的—公正的。

四、關於終了的那一點：

1. 突然的終了—悴死。

2. 在終端分岔的——一般的虛弱。

五、關於分支的線：

1. 有一個往上向著木星掌丘的分支線—成功的大志。

2. 分支到達智慧線—名譽和財富。

3. 每邊都有向上的分支線—很好的健康。

4. 向下的分支線—活力的損失。

5. 一隻手的生命線斷裂—嚴重的病。

6. 兩隻手的生命線斷裂—死亡的。

7. 生命線好像階梯—連續的疾病。

8. 在方形符號內斷開—脫離大疾病的危險。

六、關於相連的線：

1. 與智慧線相連的—謹慎的。

2. 與命運線相連的—生活受家庭的影響。

3. 與健康線相連的—身體虛弱的。

七、有影響的線：

1. 下垂的毛細線紋—活力的損失。

2. 被線切斷的—每一個切斷表示一種病。

3. 在生命線的任何一點表示一個災難。

4. 淡藍色的斑點—傷寒症。

5. 紅色斑點—發燒的病。

6. 黑點—重大的疾病。

7. 在起點有一個十字—孩童時的意外。

8. 在終點有一個十字—和藹可親的。

9. 星形—表示一個意外。

10. 在線上的圓形—有一個眼睛失明。

11. 在線上有兩個圓形—雙眼失明。

12. 島形在線上—嚴重的病。

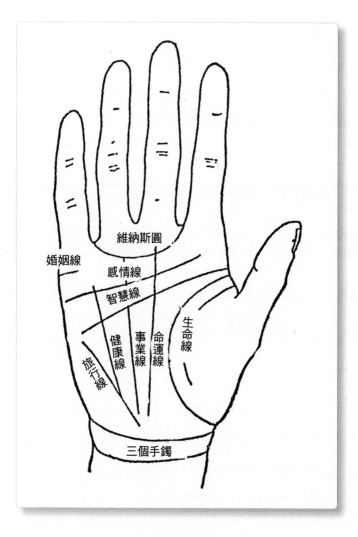

主要的掌紋

婚姻線
維納斯圓
感情線
智慧線
生命線
命運線
事業線
健康線
旅行線
三個手鐲

16

智慧線

　　智慧線在靠近生命線的地方開始橫過手掌，直通或彎曲的，向中央部份或直向姆指對面的掌背。

一、關於位置：

1. 正常─均衡的才智。

2. 由生命線開始直挺的─在事業上的聰明。

3. 離開生命線有一些距離─頭腦的疾病。

4. 靠近感情線的─氣喘病。

5. 向月神掌丘滑下的─富有想像力的。

6. 傾向於健康線的--頭腦的病症。

三、關於長度：

1. 沒有智慧線的─白痴。

2. 長直而清晰的──一般的常識。

3. 短而淡弱的─缺少集中力。

4. 薄向中央的─腦部疾病。

5. 狹而弱的—輕浮的。

6. 波浪而不平均的—善變的心性。

7. 像鏈子的—慢性的頭疼。

8. 長直的—喜愛瑣細的事。

9. 長而淡弱的—奸詐的。

10. 蒼白而寬的—愚鈍的才能。

11. 很深的—神經緊張的。

三、關於起點：

1. 沒有和生命線連接的—自信的。

2. 從火星掌丘下部開始—極端煩躁的。

四、關於終端：

1. 終點在土星掌丘之下—早期喪失的智力。

2. 終點一半橫過手掌—缺乏勇氣。

3. 終點在太陽星掌丘上—熱愛美術的。

4. 終端向上至水星掌丘上—有模倣的天賦。

5. 在終端分岔的—受理性控制的想像力。

6. 在月神掌丘上終止—羅曼蒂克的夢幻者。

五、關於分支：

1. 被線切斷的—頭痛。

2. 分支向水星掌丘—事業繁榮的。

3. 斷裂—頭部受傷。

4. 在太陽星掌丘下斷裂—狂犬病。

5. 在小段部份斷裂的—記憶喪失的。

6. 與感情線連接的—致命的事件。

7. 很多斷線的—頭痛。

8. 在線上打結的—傾向於謀殺。

六、關於線上的記號：

1. 白點—發現。

2. 在線上的暗點—傷寒的症狀。

3. 在線上的十字—重大的意外。

4. 在線上的星形—頭部受傷。

5. 圓圈—失明。

6. 在水星掌丘下在線上的三角形—科學上的成功。

7. 在起點的島形—肺部疾病。

8. 在線上的島形—慢性的神經痛。

9. 在終點的島形—腸部疾病。

10. 通過一個方形—由意外事件中脫險。

七、特殊的觀察：

1. 有一條姊妹線伴隨著—遺傳性的。

2. 兩隻手都有鏈子狀的線—心臟水腫症。

17

感情線

　　感情線是沿著手指下的掌丘底部與智慧線平行而向水星掌丘下至掌背為止。

一、關於位置：

　　1. 比正常位置稍低的─感情冷淡的。

　　2. 在手上很高的位置─熱情的性情。

　　3. 很清楚的由手的一邊橫向另一邊─受過度的愛的苦痛。

　　4. 橫過手掌好像直棒─無情的脾氣。

　　5. 向智慧線下沉的─冷淡計較的愛。

二、關於線的尺寸：

　　1. 沒有感情線─極端冷酷的感情。

　　2. 感情線愈長，愛情愈多理想。

　　3. 長，清楚有好的痕跡─耐久的愛。

　　4. 很紅─愛情上很激烈的。

5. 鉛色或黃色—肝臟的疾病。

6. 很深的線—中風的預兆。

7. 很蒼白的—心臟疾病。

8. 很細長的—兇惡的本性。

9. 淡而少的—沒有子嗣。

10. 像鏈子的—賣弄風騷。

11. 蒼白，寬及鏈式的—禁慾的。

12. 深，紅或橫直的—傾向於謀殺。

13. 弱而微少的痕跡—無情的。

14. 在與命運線相連處有鏈子形的—愛情的麻煩。

三、關於起點：

1. 由食指第三節內沿開始—面前的失敗。

2. 由木星掌丘開始—理想的愛情。

3. 圍著木星掌丘—'所羅門環'表示高度的神秘權力。

4. 由木星掌丘與土星掌丘之間開始—不快樂的，長期生活在掙扎及辛苦工作及愛情減弱的感覺中。

5. 在土星掌丘下開始—沒有真正的愛。

四、關於終點：

1. 延伸至手掌背—大膽的心靈。

2. 圍著水星掌丘—有神秘科學的能力。

3. 在水星掌丘下分岔的—離婚。

4. 長線在端部帶有縫子—很多愛情。

5. 很多破損的—愛情的煩惱。

五、關於分支：

1. 沒有向上的分支—感情的貧乏。

2. 很少分支並遠離智慧線的—生活缺少感情的。

3. 向下的分支—愛情的失望者。

4. 一個波形的分支伸向月神掌丘—兇惡的性情。

5. 一個伸向土星掌丘的分支—誤置的愛情。

六、關於裂痕：

1. 很多破裂—被異性輕視的。

2. 在太陽星掌丘下的裂痕—社會的愛情失敗者。

3. 在水星掌丘下的裂痕—由於貪心而愛情破裂。

七、關於影響的線：

1. 與生命線相連—由於失戀而生病。

2. 由智慧線來的線紋—不祥的迷戀。

3. 向智慧線去的線紋—生活受異性的影響。

八、關於記號：

1. 線條切斷—失戀。

2. 點—愛的悲傷者。

3. 在線上的白點—愛情的成功。

4. 一個長及紅的疤痕—中風的預兆。

5. 在線上的圓形—心臟的虛弱。

6. 在線上的每一個島形表示一個有罪的陰謀。

18

命運線

　　命運絕對不可以弄錯了。命運表示運氣，好運，財富，繁榮，事業等等。命運線由靠近手腕關節的第一個手鐲開始，一直向上至土星掌丘。

一、關於位置：

　　1. 穿入土星掌丘—特殊優越工作的生活。

　　2. 跑向太陽星掌丘—在美術上出名的。

　　3. 跑向水星掌丘—事業成功。

二、關於掌紋的品質：

　　1. 沒有命運線—沒有事件發生。

　　2. 向感情線上升起—晚年成功。

　　3. 不平常地深度—堅守著一個不愉快的工作。

　　4. 在起點有鏈子狀的—困苦的童年。

　　5. 在與感情線交接處有鏈子狀的—愛情麻煩。

　　6. 在中央沒有痕跡的—中年時的困難。

7. 波浪形的─好爭吵的。

8. 深及不規則的─經常的刺激。

三、關於起點：

1. 由手腕的底下第三個手鐲開始─童年極度的痛苦。

2. 由手腕的第一個手鐲開始─早年擔負責任。

3. 由生命線開始─經由個人努力而成功。

4. 從月神掌丘內邊開始─事業受家庭控制。

5. 靠近生命線─生活受親族們的影響。

6. 由月神掌丘開始─在愛情上單獨的快樂。

7. 由手的中央向上升起─跟他人快樂合作造成的命運。

8. 起點打岔的─受沒有親族關係的人的影響。

9. 由月神掌丘開始至感情線為止─愛情受奢侈的破壞。

10. 由智慧線開始─中年成功。

四、關於終點：

1. 延生命線縮小成一條細線─艱困的。

2. 突然在智慧線終止─由於錯誤判斷造成的壞運。

3. 終止在感情線上─由於沮喪而失敗。

4. 終止在木星掌丘—任何事都成功。

5. 到達太陽星掌丘—技術工作成功。

五、關於破痕：

1. 任何一個破痕表示一個壞運氣。

2. 被許多線條切開—很多不好的運氣。

3. 破裂及波浪形的—缺少快樂的不健康。

六、關於合作的線：

1. 由感情線的深線切開—痛苦的愛情造成財務的破產。

2. 由智慧線的深線切開—由於混亂的算計而失敗。

七、關於記號：

1. 線圈—障礙。

2. 在線上的十字—慘死。

3. 星形—危險。

4. 島形—受別人的陰謀算計。

5. 二個島形—神秘的天賦。

6. 方形—從財務損失中保存。

19

其他各種掌紋

一、成功線（太陽神線）：

成功線一般由手腕的手鐲開始至太陽星掌丘。

1. 正常—優秀的才智。

2. 缺乏—投資事業的失敗。

3. 長及不閉合的—富有。

4. 筆直及強壯的—藝術上成名。

5. 在雙手都形成很好的—完全的成功。

6. 波浪形—缺少集中的權力。

7. 紅，直而長—藝術家的力量。

8. 很寬的—很小的成功。

9. 不良的形成—不好的藝術者。

10. 很深的—一個藝術的誇張者。

11. 鏈子形的—不成功。

12. 由生命線開始—在文學上成功。

13. 在智慧線與感情線之間缺乏的—由於不謹慎而失
    敗。

14. 由月神掌丘開始—由於異性而成功。

15. 由智慧線開始—由於頭腦而成功。

16. 由感情線開始—受愛情的影響。

17. 終止在太陽星掌丘—成功。

18. 終止或靠近在土星掌丘—悲觀的藝術家。

19. 重複的破痕—沒有財務利益的多才多藝者。

20. 線圈—競爭者。

二、維納斯圓：

由食指和中指之間開始至無名指與小指之間止。

1. 正常—壞型式的放蕩者。

2. 深而紅的—智力傷害。

3. 薄而被切斷的—很多困難。

4. 雙重或三重圓圈的—不自然的缺陷。

5. 在水星掌丘上終止—對任何事都有能力。

6. 星形—很重的性病。

三、婚姻線：

在感情線及水星掌丘之間水平地切開掌背。

1. 線愈長結合愈長。

2. 滑向感情線—寡婦或鰥夫的身份。

3. 向上彎曲的—沒有婚姻的。

4. 靠近感情線—在18歲及21歲之間結婚的。

5. 在掌背起點分岔的—由於自己的過錯導致分離。

6. 在成功線上終止—與富有及名人成婚。

7. 破痕—分居或離婚。

8. 由小指之底向下的線條接觸到婚姻線，沒有切斷，
   表示子女數，直線為男孩，斜向線表示是女孩。

9. 在線上的黑點—家庭的麻煩。

10.在線上有角形—好爭吵的。

11.充滿小小的島形或向下的分支—沒有婚姻的。

四、靈感線：

由月神掌丘開始靠近掌背走向水星掌丘而成一個圓
弧。

1. 假如只有左手上有此線—遺傳的神秘而不是啟發
   的。

2. 假如只有右手上有此線—神秘來自個人的努力。

3. 清晰及高的月神掌丘—會催眠術的。

4. 短，波浪及分岔的—不休息的性情。

5. 重複的破痕—來自一陣一陣的靈感。

6. 開始有一個島形—透視力

五、健康線：

在手腕的手鐲上開始，沒有接觸到生命線而直走向水星掌丘。

1. 正常—成功及長壽。

2. 靠近掌背開始—變動的舉止。

3. 完全沒有的—敏捷的心智及性情。

4. 厚而短—老年消化器官的不良。

5. 直而薄—態度的堅決。

6. 整個通紅的—錯誤驕傲產生粗野及不正常的意識。

7. 起點是紅的—不好的急速跳動地心臟。

8. 薄而在中央紅的—傾向於膽汁症病患。

9. 與感情線相交處紅的—中風。

10. 在終端紅的—壞的頭痛。

11. 黃色的—肝臟毛病。

12. 波浪形的—膽汁症。

13. 和智慧線在月神掌丘上形成一個十字—過度的想像及空想。

14. 從手腕手鐲開始—極端的事業成功。

15. 從生命線開始—由於不好的消化器官而暗淡的生存。

16. 在智慧線上終止—由於肝臟影響的腦病。

17. 在太陽星掌丘上終止—很好的財富。

18. 在水星掌丘上分岔—在老年時虛弱。

19. 分支走向太陽星掌丘—個人事業的改變。

20. 裂痕—疾病。

21. 片斷的破裂成梯式的—很嚴重的肝病。

22. 深綠穿插的—很多疾病

23. 星形—不育的。

24. 在起點有個很大的島形—夢遊症。

20

權力線

　　權力線是一些細線由主要的掌紋或掌丘向上或向下，切斷或通過這些掌紋，或接觸這些掌紋或者終止在手掌各種不同的符號上。

1. 由生命線向火星掌丘下部—早年生活不利的環境。

2. 一條深線由姆指食指間穿過月神掌丘而走向生命線—由於深愛的人去世而極度的悲傷。

3. 一個半圓的線剛好通過生命線—突然的重病。

4. 一條由火星掌丘走向木星掌丘之線—職業上很大的進展。

5. 一條由金星掌丘走向土星掌丘之線—嚴重的意外。

6. 一條由金星掌丘走向中指根部之線—生殖器官的危險。

7. 由金星掌丘至土星掌丘—不快樂的婚姻。

8. 由生命線至命運線─受親戚或好友干擾的事業。

9. 一條線切開生命線及智慧線─由於家庭煩惱及相互爭吵引起的腦部疾病。

10. 一條線切開生命線及感情線─由於不信實朋友引發的心病。

11. 一條線由金星掌丘的星形而切向命運線─由於一個好友或近親的死亡而影響事業。

12. 一條線由金星掌丘至木星掌丘的星形上─有極大成功的大志

13. 一條線通向木星掌丘的島形上─呼吸器官的重病。

14. 一條線通過命運線而終止在三角形內的星形上─嚴重的金錢損失。

15. 兩條線交在命運線上的星形─兩個同時發生的愛情互相破壞。

16. 一條線終止在智慧線上的黑點─被近親的腦病煩憂。

17. 一條線終止在感情線上的黑點─由於嚴重心臟病的家庭煩憂。

18. 一條線切開成功線而終端為一個島形─由於有罪的陰謀而受到恥辱及中傷。

19. 一條線由金星掌丘的星形而至命運線上的點—事
業受到近親的死亡而毀滅。

20. 一條線由一個島形而至命運線上的一個星形—被
一個有罪的陰謀破壞了的事業。

一、在姆指上的線紋：

1. 在第一指節：

(1) 向下的線紋—很好的權勢。

(2) 交叉的線紋—極大的障礙。

(3) 短線接近指甲—有遺產。

(4) 一條線通向生命線—危險中死亡。

(5) 十字接近指甲—不貞的。

2. 在第二指節：

(1) 向下的線紋—清楚理性的權力。

(2) 交叉的線紋—錯誤的理性。

(3) 分岔的線—猶豫的方式。

(4) 十字—容易受影響的心性。

(5) 三角形—哲學上的才能。

(6) 方形—不動搖的邏輯。

(7) 圓形—理性的勝利。

(8) 格子形—敏銳的良心。

二、在手指上的線紋：

1. 在指尖內面的小球—極度的敏感

2. 在接點有很深痕跡的直線—突然死亡。

3. 一條直線向下通過整個手指長度—很強的名譽心。

4. 在第一指節的十字—不好的健康狀況。

5. 波浪的十字線紋—即將來的危險。

6. 在第二個結點的三角形—傾向於生病。

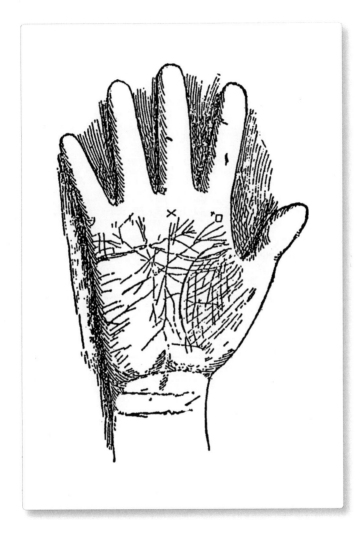

偉大的女演員 Sarah Bernhardt 之手

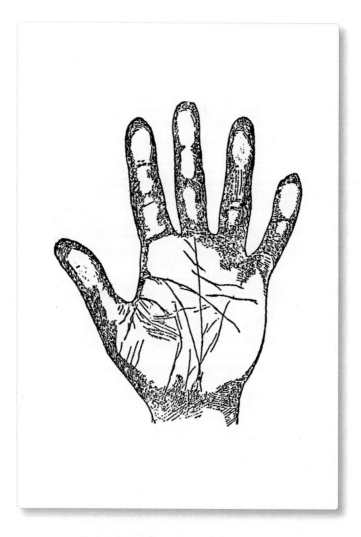

偉大的歌劇家 Lillian Russel 之手

21

掌心

手的空心部份就是中央的掌心：有兩個部份，一個四方形及一個三角形。

1. 四方形佔有的空間是在正常的智慧線與感情線之間，及在木星掌丘至火星掌丘上部之間。

   (1) 良好的形成及平滑的─平靜穩定的個性。

   (2) 良好的形成並寬向掌背─急進的。

   (3) 整個太寬的─既使是愚行仍然獨立自主的。

   (4) 在土星掌丘下寬過太陽星掌丘下─不在乎自己名聲的。

   (5) 不良的痕跡─很平常的智力。

   (6) 脹大及良好的形狀─為了大量使用而喜愛金錢的。

   (7) 平坦的─儉省的個性。

   (8) 空心─吝嗇的性情。

   (9) 硬的─動物本性。

(10)軟的—懶惰。

(11)一條線由四方形內面向太陽星掌丘—由於大
　　人物的提拔而成功的。

(12)一條分岔的線—不均衡的心智。

(13)紅點—很嚴重的傷勢。

(14)白點—一般虛弱的身體。

(15)接近感情線的十字—受愛情的影響。

(16)在土星掌丘旁一個細好的十字—有很神秘的
　　力量。

(17)在土星掌丘下的一個星形—光輝的事業。

(18)在太陽星掌丘下的一個星形—在文學上很有
　　名的。

(19)在水星掌丘下的一個星形—很大的名望。

(20)在四方形內良好的星形—對異性真實及良好
　　的個人。

(21)三角形—有深入科學的能力。

(22)圓形—眼睛的疾病。

(23)方形—極端的急性子。

(24)格子形—咆哮的瘋子。

(25)整個沒有四方形的—冷酷堅硬的個性。

2. 三角形佔有的空間是在生命線，智慧線與健康線之間。

(1) 在雙手都很大的—挑戰侵略的性格。

(2) 寬而有很好的痕跡—仁慈的。

(3) 小的—無意義。

(4) 平坦的—微賤的生活。

(5) 很低的—在生活上很少幸運的。

(6) 鈍及短的—愚鈍的智力。

(7) 紅點—健康的器官。

(8) 白點—傾向膽小的。

(9) 一條短及分岔的線——般虛弱的身體。

(10)在中央有一個十字—從別人惹來的疾病。

(11)很多交叉線條—連續的壞運氣。

(12)星形—很大的悲傷。

(13)圓形—從異性而來的疾病。

(14)方形—危險的警告。

(15)格子形—不名譽的死亡。

22

重要的徵候

一、意外的傾向：

    1. 在土星掌丘上的十字。

    2. 在掌心上的十字或星形。

二、演員的特質：

    1. 手掌比手指部份短。

    2. 圓錐形手指。

    3. 很好的四根手指與水星掌丘。

    4. 一條尾端分岔的很長的智慧線。

三、成功的大志：

    1. 勻稱的手及姆指。

    2. 生命線到達木星掌丘或有分支到達木星掌丘。

    3. 一條均勻的線通過整個食指。

    4. 長且勻稱的命運線。

    5. 好的健康線。

6. 好的太陽星掌丘，木星掌丘及水星掌丘。

7. 命運線到達木星掌丘。

四、貧血：

1. 很蒼白的手。

2. 短及蒼白的指甲。

3. 月神掌丘上有很多掌紋。

五、好色的性情：

1. 硬厚的手。

2. 金星掌丘有許多放射狀的線。

3. 特殊的維納斯環。

4. 低垂的智慧線。

5. 在土星掌丘下有感情線的分支。

六、事業成功：

1. 方形指頭的手指。

2. 成功線（太陽神線）到達水星掌丘。

3. 一條直的智慧線。

4. 很好的水星掌丘。

七、藝術及文學上成功：

1. 方形指頭。

2. 在手指上有第二個結。

3. 在太陽星掌丘的三角形。

4. 命運線到達太陽星掌丘。

5. 成功線由生命線開始。

八、被暗殺的危險：

1. 在火星掌丘上部有十字或星形。

2. 在掌心三角形部份有很大的十字。

3. 中指第三節上有一個星形。

4. 一條線由土星掌丘下於掌心四方形很深的切斷維納斯環。

九、氣喘病者：

1. 不好的健康線痕。

2. 很狹的掌心四方形。

3. 感情線向著智慧線下彎的。

4. 在掌心四方形內有黑點。

十、貪心者：

1. 手指向前彎的方形指尖的人。

2. 瘦及硬的手。

3. 很狹的掌心四方形。

4. 智慧線像一把刀橫切整個手。

5. 有時沒有感情線的。

6. 姆指彎向手掌部份。

十一、破產：

1. 不好的成功線。

2. 在太陽星掌丘上有很多混亂的線。

3. 很小的水星掌丘。

4. 在健康線上有一個島形。

5. 命運線上有破痕。

十二、不合法的出生：

1. 在命運線的起點有一個島形。

2. 在生命線的起點有一個島形。

十三、腦部疾病：

1. 掌心向著智慧線成空心的。

2. 有一條權力線從金星掌丘切向生命線。

3. 在智慧線上有一個星形。

4. 波浪形的智慧線。

5. 智慧線上有破痕。

6. 在月神掌丘上有很多放射狀的線紋。

十四、好賭的人：

　　1. 長瘦彎曲的手指。

　　2. 在水星掌丘上有十字或星形。

　　3. 月神掌丘之底部高起的。

十五、透視能力：

　　1. 有短及光滑手指的軟手。

　　2. 一個很小的姆指。

　　3. 土星水星及月神掌丘放射狀的。

　　4. 在手上有很多好的十字。

　　5. 下垂的智慧線。

　　6. 一條清晰的靈感線。

　　7. 在起點有島形的靈感線。

　　8. 在起點有島形的健康線。

十六、浪費的人：

　　1. 很瘦的手掌。

　　2. 長而多結的手指。

　　3. 長瘦脆凸出或凹下的指甲。

　　4. 木星掌丘上多線的。

　　5. 在智慧線上有許多島形。

　　6. 有缺陷的生命線。

十七、早夭：

1. 雙手都是很短的生命線。

2. 智慧線及感情線在到達命運線前減短的。

3. 在水星掌丘下智慧線向上成波形到達感情線。

十八、糖尿病者：

1. 在月神掌丘上有一條長及混亂波浪形的線及食指
   上有一個黑痣。

2. 一條線由月神掌丘下半部切向生命線及在月神掌
   丘上有一個星形。

3. 在月神掌丘底部有一些混亂交錯的線及在月神掌
   丘上有一個清楚的十字。

4. 在月神掌丘底部三分之一接近生命線有一個星
   形，格子形或島形。

23

附錄：手相與健康診斷

根據手相可以明瞭健康的情形。

在手掌上如果出現了某條線，表示健康有了障礙。

從手相可以預知意外事件的發生。

依據手相可以診斷出自己的疾病及找出治療的方法。

使手相改變的四個健康術：

1. 使生命復甦的皮膚呼吸法。

2. 使皮膚健康的溫冷浴法。

3. 廢止早餐的1600卡路里食療法。

4. 理想的飲食生活—少食法及斷食法。

一、掌紋

1. 生命線—表示壽命的長短，為了解健康狀態最重要的基本線。

137

2. 智慧線—了解智慧的傾向，表示個體是屬於酸性或是鹼性體質，神經是否衰弱，通便狀況，生命力及精力如何。

3. 感情線—顯示心臟及循環系統，視力系統之狀況及性的關係。

4. 命運線—命運的興衰，判斷神經調和狀況。

5. 事業線—表示金運及名聲，氣質的明朗及精神狀態。

6. 健康線—有關肝臟及消化系統，壽命長短。

7. 維納斯圓—性的敏感度，腸及皮膚的衰弱傾向。

8. 三個手鐲—長命的證據。

9. 婚姻線—結婚狀況及性的內容。

10. 旅行線—與性的放縱及性病有關。

二、手型

1. 基本手型—健康的。

2. 方形手型—容易罹患神經痛及膽結石。

3. 平刀形手型—體液有酸性的傾向，要注意心臟病、高血壓、腦溢血及糖尿病。

4. 哲學家手型—易罹患腸胃病及憂鬱症。

5. 圓錐形手型—易患胸部疾病。

6. 靈性手型—肌肉系統不發達，易罹患腸胃病及憂鬱症。

7. 混合手型—病症防衛力堅強，生病復原極快。

三、掌丘

呈現出淡紅色，有適度隆起，充滿活力，為最好的狀態。

異常：

1. 木星掌丘異常—腦溢血、腦充血、肺臟疾病等。

2. 土星掌丘異常—憂鬱症、神經過敏症、痔瘡、貧血症、腳疾、牙齒及耳鼻喉障害、半身不遂、麻痺、風濕等病症。

3. 太陽星掌丘異常—動悸、動脈瘤、眼病及視力障害等。

4. 水星掌丘異常—膽汁性的障害、黃膽、肝臟疾病、神經衰弱傾向。

5. 火星掌丘上部異常—對梅毒、淋病等性病抵抗力弱。

6. 火星掌丘下部異常—喉頭炎、支氣管炎、血液方面的障害。

7. 金星掌丘異常—生殖器官疾病。

8. 月球掌丘異常—膀胱、腎臟病、水腫、結石、視力喪失、痛風、貧血、婦人病等。

四、手指

大姆指—與腦及神經系統和體內預備鹼性有關。

食指—與腸胃、肝臟、脾臟、胰臟等營養器官有關。

中指—與心臟、血管及腎臟等循環器官有關。

無名指—掌管視覺中樞神經系統。

小指—掌管生殖器官及肺臟等。鍛鍊小姆指，可以
　　　增強精力。

五、指紋

1. 全部都是渦紋的話，表示身體健康。（純渦狀紋
   及環狀紋均屬渦紋）

2. 全部都是流紋的話，表示身體虛弱。

3. 指紋若是渦紋愈多，身體愈健康。全部都是流紋
   的人，但能注意健康，重養生之道，有時比全是
   渦紋不重養生之人，還要硬朗得多。

六、手是健康的晴雨計

健康手相七要項：

1. 手掌色澤十分光潤，呈現淡紅色。

2. 掌紋十分明顯。

3. 手型保持均衡，動作靈敏。

4. 掌丘豐饒，無異常兇相。

5. 手掌中看不出突出的靜脈。

6. 指甲的形狀正常，山日月部份清晰可見。

7. 手掌的氣色明朗。

七、改變手相的健康術：

1. 使生命復甦的皮膚呼吸法。

   皮膚具有呼吸、吸收、排泄、感覺及保護等作用。皮膚最大的功能是排出體內的尿酸，促進血液循環及淨化淋巴液。

   皮膚呼吸法可分為風浴法、裸療法及大氣療法。這些方法均可使皮膚發揮其最大的功能。

2. 使皮膚健康的溫冷浴法。

   溫冷浴法是在冷水及熱水中交互的沐浴法。冷水溫度14~15°C，熱水溫度41~43°C為宜。首先進入冷水盆中泡1分鐘，再進入熱水盆中泡1分鐘，交互實施，最後一次在冷水盆中，計七回共浸洗七分鐘。

   溫冷浴法可使皮膚產生收縮及擴大作用，使體液保持中性。可以促進血液及淋巴液的循環並使之淨化。

3. 廢止早餐的1600卡路里食療法。

   廢止早餐，一天只吃中及晚餐的二餐主義，可以說是獲取健康的妙法，它不但可以改善手相，同時也很經濟。廢止早餐之後，會使消化吸收率增強，能充分的攝取營養，減少腸胃的活動，使腎臟得以發揮其功能，促使長年宿疾獲得痊癒，身體恢復健康。廢止早餐，對於一切慢性疾病，有很大的功效。

4. 理想的飲食生活—少食法及斷食法。

勵行少食可以改變手相，少吃可使通便正常，而且可以減少疲勞，此外也可以減少睡眠時間，在飯後也不會有打瞌睡現象。少吃不容易生病，反而可以增進健康。當然它是可以改變手相，使得生命線變得十分鮮明。

附錄資料來源：

1976年 日本講談社 婦人圖書出版社

門脇尚平著《手相與健康診斷》

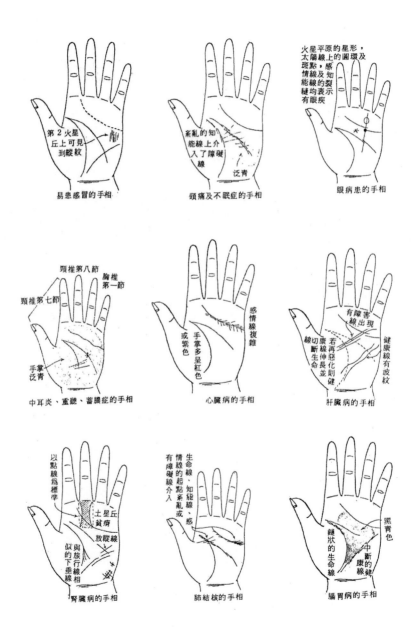

火星平原的星形，太陽線上的圓環及斑點，感情線及知能線的裂縫均表示有眼疾

第2火星丘上可見到縱紋

易患感冒的手相

紊亂的知能線上介入了障礙線 泛青

頭痛及不眠症的手相

眼病患的手相

頸椎第八節 胸椎第一節 頸椎第七節

手掌泛青

中耳炎、重聽、蓄膿症的手相

感情線複雜 手掌多呈紅色或紫色

心臟病的手相

有障害線出現 若再惡化則健康線伸長並健 切斷生命線 健康線有波紋

肝臟病的手相

以點線為標準 土星丘貧瘠 放縱線 與旅行似的下垂線相

腎臟病的手相

生命線、知能線、感情線的起點紊亂或有障礙線介入

肺結核的手相

鏈狀的生命線 中斷的康健線 黑青色

腸胃病的手相

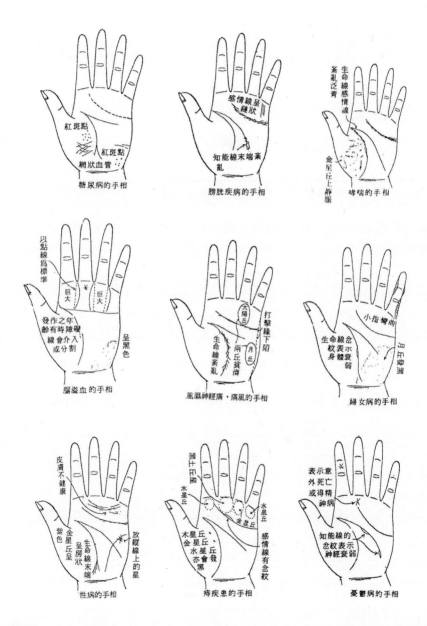

糖尿病的手相

紅斑點
紅斑點
網狀血管

膀胱疾病的手相

感情線呈
鍊狀
知能線末端紊亂

哮喘的手相

生命線感情線
紊亂泛青
金星丘上上靜脈

腦盜血的手相

以點線爲標準
巨大
巨大
發作之年齡有時障礙線會介入或分割
呈黑色

風濕神經痛、痛風的手相

太陽丘
月丘
打擊線下陷
生命線紊亂
兩丘貧膚

婦女病的手相

小指彎曲
生命線表體紋身念不衰弱
月丘發癰

性病的手相

皮膚不健康
紫色
金星丘呈
生命線末端
放縱線上的星
呈房狀

痔疾患的手相

土星丘星
木星丘
木星、金星、丘水亦黑
丘金星丘發黑
水星丘
金星丘
感情線有念紋

憂鬱病的手相

表示意外死亡或得精神病
知能線的念紋表示神經衰弱

後記

　　筆者曾於民國 75 年至 80 年間幾度前往國外工作，閒暇時因緣際會得以閱讀相關外語著作，對手相學始因好奇而加以涉獵，筆記一些心得，終於整理成冊。經同窗好友姚義久博士鼓勵及介紹，由秀威資訊科技傅達德協理及魏良珍小姐之鼎力相助，本書得以付梓，分享諸位讀者，謹此致謝！謝謝諸位讀者厚愛。也要感謝我的愛妻及兒女的支持。

爾　吉
九十三年三月

國家圖書館出版品預行編目

大家來學手相/爾吉著.--一版
臺北市：秀威資訊科技, 2004[民 93]
面；　　公分. --　參考書目：面
ISBN 978-986-7614-41-4(平裝)
1.手相

293.23　　　　　　　　　　　93014355

哲學宗教類　PA0001

大家來學手相

作　　者 / 爾吉
發 行 人 / 宋政坤
執行編輯 / 魏良珍
圖文排版 / 張慧雯
封面設計 / 莊芯媚
數位轉譯 / 徐真玉　沈裕閔
圖書銷售 / 林怡君
網路服務 / 徐國晉
出版印製 / 秀威資訊科技股份有限公司
　　　　　　台北市內湖區瑞光路 583 巷 25 號 1 樓
　　　　　　電話：02-2657-9211　　　傳真：02-2657-9106
　　　　　　E-mail：service@showwe.com.tw
經 銷 商 / 紅螞蟻圖書有限公司
　　　　　　台北市內湖區舊宗路二段 121 巷 28、32 號 4 樓
　　　　　　電話：02-2795-3656　　　傳真：02-2795-4100
　　　　　　http://www.e-redant.com

2006 年 7 月 BOD 再刷
定價：180 元

讀者回函卡

感謝您購買本書，為提升服務品質，請填妥以下資料，將讀者回函卡直接寄回或傳真本公司，收到您的寶貴意見後，我們會收藏記錄及檢討，謝謝！

如您需要了解本公司最新出版書目、購書優惠或企劃活動，歡迎您上網查詢或下載相關資料：http:// www.showwe.com.tw

您購買的書名：_____

出生日期：_____年_____月_____日

學歷：□高中 (含) 以下　　□大專　　□研究所 (含) 以上

職業：□製造業　□金融業　□資訊業　□軍警　□傳播業　□自由業
　　　　□服務業　□公務員　□教職　　□學生　□家管　　□其它_____

購書地點：□網路書店　□實體書店　□書展　□郵購　□贈閱　□其他

您從何得知本書的消息？

　□網路書店　□實體書店　□網路搜尋　□電子報　□書訊　□雜誌

　□傳播媒體　□親友推薦　□網站推薦　□部落格　□其他_____

您對本書的評價：(請填代號　1.非常滿意　2.滿意　3.尚可　4.再改進)

　封面設計____　版面編排____　內容____　文／譯筆____　價格____

讀完書後您覺得：

　□很有收穫　□有收穫　□收穫不多　□沒收穫

對我們的建議：_____

_____

_____

_____

11466
台北市內湖區瑞光路 76 巷 65 號 1 樓
秀威資訊科技股份有限公司　　　收
BOD 數位出版事業部

....

（請沿線對折寄回，謝謝！）

姓　　名：＿＿＿＿＿＿＿　年齡：＿＿＿＿　性別：□女　□男

郵遞區號：□□□□□

地　　址：＿＿＿＿＿＿＿＿＿＿＿＿＿＿＿＿＿＿＿＿

聯絡電話：(日)＿＿＿＿＿＿＿＿　(夜)＿＿＿＿＿＿＿＿

E-mail：＿＿＿＿＿＿＿＿＿＿＿＿＿＿＿＿＿＿＿＿＿